指数定投
实现
财务自由

姬建东／著

中信出版集团｜北京

图书在版编目（CIP）数据

指数定投实现财务自由 / 姬建东著 . -- 北京 : 中
信出版社 , 2020.1
ISBN 978-7-5217-1251-3

Ⅰ . ①指… Ⅱ . ①姬… Ⅲ . ①指数—基金—投资
Ⅳ . ① F830.59

中国版本图书馆 CIP 数据核字 (2019) 第 258313 号

指数定投实现财务自由

著　　者：姬建东
出版发行：中信出版集团股份有限公司
　　　　　（北京市朝阳区惠新东街甲 4 号富盛大厦 2 座　邮编　100029 ）
承 印 者：北京诚信伟业印刷有限公司

开　　本：880mm×1230mm　1/32　　印　　张：7.75　　字　　数：150 千字
版　　次：2020 年 1 月第 1 版　　　　印　　次：2020 年 1 月第 1 次印刷
广告经营许可证：京朝工商广字第 8087 号
书　　号：ISBN 978-7-5217-1251-3
定　　价：59.00 元

目 录

前　言

从事投资咨询业务多年，一直在思考一个问题：如果真有一套盈利的"市场秘诀"，那么这套方法可以复制、推广，最终也能让其他人达到同样的水平吗？

很遗憾，答案是否定的。

方法和技术只有那么多，在信息高速发展的社会，只要用心，每个人都可以平等地获得相同的内容。"知行合一"，在"知"上大家是平等的，区别只在于"行"。所谓"行"，无论哪种方法，最终都要落实到人的执行上，要把知识转化为思维，再把思维转变为行为和交易习惯。

至于盈亏的结果，只是对这种转换最后的奖赏或者惩罚。

市场是一个放大镜，任何认知水平都会成倍地在账户盈亏中留下痕迹。即便在同一套理论下，面对相同的情况，操作也会千差万别。当细小的差别具化在千万投资者的行为中时，盈亏结果最终就会判若云泥。

　　既然市场不可知，那么包括机构在内的所有投资者，就都无法获得超额收益，只能获得市场平均收益。

　　普通投资者只想赚点钱，没必要学这技术那方法，更没必要把自己培养成一位投资专家，要达到赚钱的目标，最简单的方式就是指数基金定投。

　　与资产市场中3 000多只股票相比，指数基金的数量屈指可数，选择标的的难度大大降低。通过指数基金定投的方式，在间隔固定的时间买入某只指数基金，价高时买入数量少、价低时买入数量多，解决选股、择时问题的同时，最终摊薄总体成本，在未来的盈利中占得优势。

　　与一次性买入、卖出相比，定投不是最优策略，但对于普通投资者而言，它是解决选股、择时问题最好的投资方式。

　　指数基金是重要的理财产品之一，也是资本市场不可或缺的重要组成部分。因此，理财观念、资本市场中的投资方法，同样适用于指数基金。本书从理财、资本市场的角度出发，从全局上对比了指数基金与其他理财产品、个股、指数的差异，将理财的观念和资本市场上的方法用于指数基金投资，这也是本书的侧重点。

　　投资是件复杂的事，如果仅站在指数基金的角度，很容易一叶障目。投资者的目标不尽相同，风险接受程度不一，面对复杂的理财产品，需要清楚指数基金与它们的差异，如此才能让指数基金为实现自己的理财目标服务。

指数基金定投是一种被动的投资方式，有投资经验的投资者，需要在定投的基础上判断顶和底，更加主动地管理投资方式。

最后，我想告诉大家的是，无论是定投还是在此基础上的主动管理，都侧重于告诉投资者如何买入，而只有"买和卖"才是一个完整的交易循环，市面上大多数分析师侧重于买入而忽略交易的重要环节——赎回。

申购买入是交易的开始，赎回卖出才意味着交易的真正结束，也是交易最终且最重要的一环。行百里者半九十，最后一环出现问题，轻则徒劳无益、前功尽弃，重则损失惨重。所以，赎回是本书的另一个重点。

既然有缘在此相见，那就让我们一起走入投资指数基金的大门，一窥其中的宝藏吧。

第 1 章

指数基金面面观

认识指数基金

投资，最重要的目的是盈利。如果选错了投资标的和方向则很难实现目标，甚至会与目标南辕北辙。投资就像狩猎，一旦选错了狩猎目标、超过了能力范围，猎人不但逮不到猎物，还可能被猎物伤到身体，最终得不偿失。

互联网上流传着这样一幅漫画：一个人抓着颤颤巍巍的树枝，不远处的树枝上有蛇，岸上有狮子，身下的河水中有鳄鱼，岸边有一把斧子却遥不可及。这个人面临的危险程度可想而知，不管是顺着树枝爬还是跳到河里或者逃到岸边，被飞禽走兽攻击的危险都不会解除。

画中的人代表了谁有很多种说法，直到笔者在资本市场打拼多年，才明白这幅漫画代表了投资者的处境：每位投资者都深陷危险和抉择中，时刻考验着他们的智慧和体力。

对每位投资者来说，身处危险境地，战战兢兢，如履薄冰，而谨小慎微才是生存之道。知道身处困境固然重要，但更重要的是要学会破除这种困境。

不着急说答案，下面先说一个真实的故事，希望各位读者有所收获。

也许每位投资者都曾有过类似下面故事中的经历。

2014 年至 2015 年上半年，A 股市场指数平均有 100% 的上涨幅度，很多个股涨幅都达几倍。一位年轻的普通职员，用自己积攒的几万元加上配资，在短短一年多时间里，账户资金从几万元变为一百多万元。

这位职员月薪仅为几千元，一年的炒股赚了几十万甚至上百万元，结婚买房的压力烟消云散，梦想实现仿佛就在瞬间。

这位职员想尽早实现自己人生的小目标，于是加了杠杆。结果到了 2015 年 6 月，股票指数见顶，他没有及时赎回取得获利。繁华落尽，结局是不仅没赚到钱，还损失了本金，最后生病住院折腾了好一阵子。

之所以说这个故事，不是在往伤口上撒盐，而是想告诉大家什么才是真正适合普通人的投资产品。

尽管大多数人来股市的目的是赚钱，但结果常常事与愿违，否则"七亏二平一盈利"的说法也不会在股市中广泛流传。

在投资活动中，很多人像这位年轻职员一样，不清楚自己的能力边界，不知道自己的投资目标，更不清楚自己适合投资什么样的产品，总想靠一次投资就实现财富自由。

古人云："君子爱财，取之有道。"想赚钱可以，但必须明白自己能赚什么钱，什么钱赚不到，有所为而有所不为。一旦明白了这个道理，不管你面临的是树枝上的蛇、河里的鳄鱼还是岸边的狮子，最后盈利这个结果都是顺其自然的事。

2013 年年底，笔者在一次论坛上遇到一位 50 多岁的女性，她于市场而言可以用"一无所知"来形容，对于股民津津乐道的技术分析更是一窍不通。但是，主办方邀请这位女性在论坛上做主题分享，因为她每年都能取得正收益。这位女性每年在市场上投资 10 万元，年底取出收益用作全家消费，第二年重复投资同样的数额和产品。

论坛上，这位女性没有隐瞒自己的"独家秘籍"，她不像大多数与会者那样买股票，也没有花费大量时间和精力研究技术分析，而是将这 10 万元定投了指数基金，然后把账户放到一旁不关心盈亏。到了年底，账户盈利了就卖出，其他技术分析、大盘指数、基本面分析一概不管。

每年都能盈利，在很多股民看来简直不可思议，可方法确实如此简单：根据自身情况，选择适合自己的标的，投资指数基金。

羡慕这样的投资吗？其实人人都可以做到，与炒股相比，普通人更适合投资指数基金，股市之"道"也许就是指数基金。所以，我们说：股海无涯，基金是岸。

为什么股票投资不适合普通人呢？

炒股的技术只占三分之一，另外三分之二则是心态和资金，达不到逆人性化的心态和宽松的资金环境就永远无法复制股神的神话。

从标的种类上说，种类越多可选择范围越大，需要付出的时间和精力就越多。投资付出的成本越大，失败的概率就越高。这个也想选，那个也想买，到头来哪个标的都有一点儿，哪个都没能真正赚到钱。

与其把目标盯在3 000多只股票上，不如专心投资几只指数基金。要知道，投资任何一个标的都可以达到稳定盈利的状态。是否盈利不在于可选的标的有多少，而在于标的是否适合你自己，你是否理解、掌握、运用了科学合理的方法。

一招鲜吃遍天，如果你把最简单的上证指数（代码：999999）吃透了，在股市里的盈利绝对就能轻轻松松地超过任何一款理财产品的收益。

很多人贪多、贪大、贪全，不愿意在一种标的研究上下功夫，就像掰棒子的狗熊，掰了一个就扔了怀里的，到头来可能一个也剩不下。专心投资一种标的不是浅尝辄止，现在你选择的指数基金就是最好的产品。既然投资它，就要用百分之百的精力，任何要点都要吃透，力求精益求精。

当你把有限的时间和精力用在指数基金上，很快就能找到"踏破铁鞋无觅处，得来全不费功夫"的感觉，盈利会像心爱的人一样，出现在你身边的灯火阑珊处。

我的一位挚友曾经也在这个问题上犯过错。开始面对 3 000 多只股票时，他被纷繁的上涨迷离了双眼，很长时间都处在一种"见山是山，见水是水"的状态，总是陷于各种技术分析中。

截至 2014 年，他入市五六年，已经从亏损的水平走到了盈亏平衡的状态：每个交易日做短线，甚至很多 T+0 操作，不管市场走势如何，成功率都不低。不再亏损是很多人想达到的目标，但对当时的他来说，盈亏平衡已经不是问题，"见山不是山，见水不是水"的状态是一道横在盈亏平衡和稳定盈利之间的巨大鸿沟。

即便到了不再亏损的水平，继续增加盈利也非常困难。这种感觉就像短跑运动员的瓶颈期，到达一定水平后再提高 0.1 秒都是难上加难。2015 年牛市来临时，他的操作依然很熟练，赚的钱却没多少，上证指数 5 178 点的大顶虽然逃过了，但没跌多少他又进场了，结果被套高达 50% 多。从 2015 年 6 月中旬到当年年底，我就没再见过他的笑容……

经历了股灾，他在半年内成功回本，心态和技术也有了质的飞跃，终于到达"见山还是山，见水还是水"的状态，那一刻离他第一次买股票已经过去了整整 10 年。

有多少人能禁受住这么长时间的精神、金钱上的压力和磨砺？

"股海无涯"不是一句空话，就连华尔街也流传着这样一句话："要在市场中准确地踩点入市，比在空中接住一把正在落下的飞刀更难。"

很多人在股票市场赔了钱，除了在技术分析、仓位管理、交易习惯等方面存在问题，最大的障碍是不能克服人性中贪婪这个弱点。

深圳证券交易所发布的一份调查报告证实了投资者的非理性行为：熟悉偏好（投资自己买过的股票比其他股票更容易赚钱）占比高达 63.8%、过度自信（自己操作股票比购买基金收益更高）占比高达 47.5%。[①]

大多数投资者的亏损结果和非理性行为密切相关，不能克服人性的弱点，就不能投资了吗？

当然不是。

"梅须逊雪三分白，雪却输梅一段香。"同样的道理，不同的投资产品有各自的优点。与股票相比，指数基金具有的特点和优势更适合普通投资者。

根据深圳证券交易所《2018 年个人投资者状况调查报告》的数据显示：2018 年家庭股票投资占比和账户平均资产量有所降低，

---

① 《2017 年度个人投资者状况调查报告》，深圳证券交易所。

持有公募基金的比例由 2017 年的 25.6% 增加到 37.2%。选择投资
指数基金的人越来越多，它逐渐成为更多普通人的投资选择。

指数基金是最适合普通人的一种投资标的，股神沃伦·巴菲
特曾在公开场合这样说："大部分投资者，包括机构投资者和个人
投资者，早晚会发现最好的投资股票的方法，就是购买管理费用
很低的指数基金。"

普通人适合指数基金吗？

巴菲特说：只有当潮水退去的时候，才知道是谁在裸泳。大
多数股民都没有最后的遮羞布，因为平静的市场充当了这个角色。
股民不知赔钱恨，收盘犹唱后庭花。

只有当熊市来临、潮水退去时，股民才会意识到自己在裸泳。
号称"中国最赚钱的基金经理"的"基金一哥"王亚伟也不建议
个人投资者直接购买股票。

普通人在股票上赚钱不容易，投资指数基金同样也不容易。
两利相较取其重，两害相权取其轻，知其然才知其所以然。

熟能生巧

油能从钱孔流入，而钱币不湿，为什么？卖油翁回答："我亦

无他，惟手熟尔。"做投资也一样，熟能生巧，熟能赚钱。

大多数投资者的时间和精力有限，先别说市面上的种种理论，光股票就有 3 000 多只，随着注册制的到来，股票数量还会更上一层楼。进的多退的少，就算你是有几年炒股经历的老股民，恐怕有很多股票也是连名字都没听说过，何谈赚钱？

股神巴菲特在五十多年的投资生涯中，总收益率接近 7 000 倍，同期标准普尔指数的涨幅也不过 100 倍，他的投资年化复合收益率超过了 20%。他所做的也是把有限的时间和精力放在有限的标的身上，不做陌生的投资。

乱花渐欲迷人眼。面对那么多的选择时，我们一会儿看看这个，一会儿想想那个，到最后账户里除了留下绿绿的数字外什么都不会得到。

单纯一点儿，选几只自己熟悉的股票指数对应的基金，然后在有限的时间里长期跟踪，做到心无旁骛，用你的眼睛观察它的走势，用心感受它每次细微的价格变动。

就像去了解一个人的性格、兴趣、呼吸和举动一样，了解指数基金的特性，感受它的节奏和韵律。当你这样用心去感受一个标的的走势时，即使你一点儿技术分析都不会，也能盈利。

为什么？

因为你已经对它非常熟悉了，它每一个细微的变动，你都能从历史的走势中找到似曾相识的感觉，冥冥之中就已经能感受到它下一步将会怎么发展。

这不是什么猜测，而是熟悉它的特性之后的感觉，就像你和爱人之间的心有灵犀。这种感觉不是蒙，更像是你和一位挚友或者家人，相处的时间长了，对方的一个眼神、一个动作，你都能领会到其中的含义，并知晓接下来对方要怎么说、怎么做。

"只做熟悉的指数，不做陌生的标的"的另一个好处是，可以把有限的时间和精力集中起来，对指数基金有深入的了解和认识，用时间的长度去弥补专业知识和技术分析的短板。在某种层面上，一位对几只指数基金长期跟踪深入了解的投资者甚至超过一个专业的分析团队对几千只股票的了解。

长期跟踪的指数，你轻松就能判定顶部和底部，但是一只刚刚介入的标的，就算你知道历史走势，也根本得不到长期跟踪的感觉。只有知道大顶和大底，操作上才不会出大错。

不管是投资、工作还是做人，简单一点儿，单纯一点儿，多点儿耐心和专心，总会有意想不到的收获。

现在流行的风险投资公司，它们一般都有自己专门的投资领域，不会轻易迈出自己熟悉的投资圈。不是因为没实力，而是因为不熟悉，风险因素超出了自己的掌控范围，一旦有疏忽，白花花的银子就会打水漂，与其那样还不如在自己熟悉的领域老实赚钱。

古人云："君子之学贵一，一则明，明则有功。"只有做自己喜欢的事、做自己擅长的事，付出的成本才更低，成功的边际才可能更大。

百度董事长李彦宏也曾说："无论是企业还是个人，都应该专注于自己的领域。"企业的资源是有限的，将有限的资源施于一点，才能发挥最大的效能，取得非凡的成就。

聪明的人都在做自己熟悉的投资。既然如此，何不改变以前投资的坏习惯，专心跟踪几只熟悉的指数基金呢？

大盘指数买国运、行业板块指数买行业

话说投资大势，熊久必牛，牛久必熊。

市场永远在轮回之中，再好的指数基金也会有下跌的时候，寻找价值被低估的指数基金，熊市正当时。

理财投资时，我们要注意一个理念 —— 选择比努力更重要，获得财富需要抓住大趋势和大机会。

纵观市场，最大的机会在哪里？

答案一定是国运。

1978 年中国的 GDP（国内生产总值）只有 3 679 亿元，到了 2018 年，GDP 达到 90.03 万亿元。从 GDP 增速来看，这 40 年名义 GDP 以年均 15% 的速度增长，实际 GDP 平均增速为 9.5%。[1]

----

[1] 朱云来，《如何看懂中国经济发展的这 40 年？》，凤凰财经，2018 年 11 月。

　　这在全世界都是极高的发展速度，如果买到这样一只以此为标的的指数基金，每位投资者都会收获颇丰。要知道，西方发达国家 GDP 增速最快的时期都没有超过 7%，目前最多维持在 2%~3% 的水平。

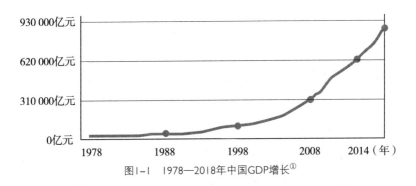

图1-1　1978—2018年中国GDP增长[①]

　　投资最大的机会就是国运。一个蒸蒸日上的国家，在任何领域都会产生在世界上数一数二的大公司。中国未来产生多少行业，在这个十几亿人的大市场中就一定会有多少个世界级企业，这就是投资者未来在资本市场上最大的机会。

　　从历史发展的角度看，任何一次熊市都会拉低资产价格，任何一次价格下跌也都是投资者，特别是指数基金投资者最好的入场时机。价格跌了买、高了卖，这样才能盈利。所以，投资者不

---

① 　数据来源：国家统计局。

要恐惧下跌，没有下跌何来盈利？请记住，只有足够的下跌空间才能创造足够的盈利区间。

熊市通常源于危机，未来几十年，世界上仍会发生经济危机，但我相信，中国不但能安然无恙地渡过危机，而且能在经济上继续领跑。

资本市场是经济的晴雨表，在危机中股票指数必定回调，这反而是指数基金投资者最大的机会。对此，巴菲特有自己的理解：当那些好的企业突然受困于市场逆转、股价不合理地下跌，这就是大好的投资机会来临了。

股价下跌了，指数基金一定会跟随下跌。与其在别人恐慌时割肉离场，不如像巴菲特一样收集遍地便宜的筹码，买入一些指数基金份额。这些低价筹码，在未来一定会比黄金更珍贵。

至于行业板块指数基金也是一个道理，抓住战略新兴产业很容易，只要稍加留意就能知道哪个行业是国家政策支持的，哪个行业是新兴产业，互联网和钢铁哪个更有前途。但是，抓住一只股票就难多了，一个行业有很多股票，不知道哪个才是真正的牛股，哪个背后藏着地雷。

无论是国运还是行业，未来中国一定会保持高质量的发展，每一次危机都会渡过，只要出现价格下跌，投资者买入指数基金，就相当于买入了国运，未来一定会搭上国家高速发展的列车。

专业管理，省时省力

股民都知道，机构比散户更容易赚钱，为什么？

因为机构的人员学历高、资金规模大、研发能力强、团队作战有优势。有人说，机构其实也是由具体的人组成，也会有人性固有的弱点。这个观点看似天衣无缝，但任何一家机构都有自己的投资风格和风险控制体系，在强大的制度优势下，机构比散户更容易克服人性的弱点。

更重要的是，炒股是股民一个人在做决策，基金是一群人、一套机制在做决策。一群人的脑袋大多数时候比一个人的清醒，在制度的优势下操作不容易被情绪左右。

既然如此，何不让专业的人做专业的事，投资者"坐享其成"，这样效率更高，效果也更好。

基金就是迎合这种需求的一种专家理财品种。投资者将个人分散的资金，通过申购基金份额的方式凑到一起，形成大规模的资金，交由专业的基金经理和基金公司管理。

基金经理一般有大规模资金操盘经验，硕士及以上金融相关专业教育背景，理论和实践必须都过关才能胜任。决策能力、分析预判能力、风控能力、承压能力、执行能力、战略思维和国际眼光……这些都是基金经理必须具备且要达到一定要求的。此外，基金公司还要对投资标的进行走访、调研，做基本面分析和行业分析。

基金经理和基金公司与散户相比，在投资上更具优势，把专业的事交给专业的人去做，是成熟的资本市场投资者的最优选择。

美国是世界上最发达的资本市场之一，拥有更多的富裕家庭和更先进的投资理念，其富裕家庭的金融投资比较相信更加专业的金融中介机构，富裕家庭间接持有股票的比例达34%。与之相反，中国的富裕家庭更愿意相信自己，更愿意直接进入资本市场，富裕家庭间接持有股票的比例只有2%。[①]

榜样的力量是无穷的，只要有成功的例证，对照成功者，自己成功的概率就更大。美国投资者如此，理性经济人假设下我们有充足的理由相信这是一种更成熟、更科学的选择，可能这也是发达国家投资者教育比较成熟的例证。

一个不专业的投资者花费大量时间、精力，自己研究各种方法、公司和理财产品，结果却是钱没赚到甚至亏了，如此事倍功半还不如交给专业的人打理，结果会事半功倍。

巴菲特、索罗斯之所以能在资本市场中成为神话般的人物，是因为他们在做自己熟悉的、擅长的事，如果跳出这个领域，很可能会是另一种结果。

如何让专业的人做擅长的事，让别人帮自己赚钱、自己坐享其成？对于资本市场上的投资者来说，购买投资指数基金，将钱

---

① 李鹏程，《中美富裕家庭资产配置比较研究》，对外经济贸易大学，2015年9月。

交给专业的人打理是最简单、最有效的方式。

投资指数基金能赚多少钱具有不确定性，科学、合理的投资至少能跑赢通货膨胀对财富的侵蚀。

跑赢通胀的撒手锏

叶之枯荣，必在根本。

这个世界上所有财富缩水的根本原因只有一个，那就是通货膨胀。通货膨胀并不是一个贬义词（真正对经济产生损害的是通货紧缩），即使最保守的芝加哥学派也赞成温和的通货膨胀——通货膨胀率应该与自然经济增长率①一致。

在这一点上芝加哥学派太理想化了，甚至走向了极端，打着市场的旗帜反市场，市场资源配置最优的通胀率岂能由人类给出？所以，通胀率飘忽不定，但总体上超过自然增长率也就成了常态。

通货膨胀率是一个宏观指标，人们通常认为和老百姓相关的只有菜篮子。殊不知，通货膨胀也影响着每个人的财富存量和增

---

① 自然经济增长率也称潜在经济增长率，是一个国家或地区在各种资源得到最优和充分配置的情况下，所能达到的最大经济增长率。一般来说，芝加哥学派不赞成市场调节资源，反对凯恩斯主义，主张货币当局给定明确的通胀率，并严格遵守。

量，大多数时候通货膨胀是财富的隐形杀手。

货币通常被认为是财富的表现形式，如果货币静止不动，没有产生收益，任其随着通货膨胀贬值，那么财富将大幅缩水。

曾经有人计算，2013 年的 13.43 美元才相当于 1929 年的 1 美元，80 多年来货币的购买力贬值 90% 以上。与此同时，道琼斯指数在 1929 年最低跌到 41 点，2019 年 7 月初道琼斯指数已经超过 26 800 点，90 年的时间涨幅超过 653 倍。显而易见，定投美国指数基金的年化增长率超过通货膨胀率。

这一进一退意味着财富将走向两个极端。如果一个人持有 1 万美元，几十年后货币缩水只剩下不到 1 000 美元；如果当初将 1 万美元买道琼斯的指数基金，则财富至少增值到几百万美元。将持币与投资的情况进行对比，则持币者较持房者财富至少相差几千倍。

美国的通货膨胀很严重，中国的投资者也面临着同样的问题，通货膨胀每时每刻都在侵蚀着个人财富。

众所周知，改革开放后我们取得了巨大的经济成就，但也面临一些问题，譬如货币供应量大增。图 1–2 显示，从改革开放之后，特别是 1995 年以后，中国的广义货币供应量开始飞速增长，2005 年后出现加速增长的趋势。[①]

---

① 货币供给的一种统计口径，与狭义货币供应量对应，货币供给的一种形式或口径，通常用 M2 表示，该指标高说明有通货膨胀的风险。

　　适当的货币供应对经济增长有帮助和促进作用，但另一方面，这也意味着财富如果静止不动，将出现同等幅度的缩水。

　　从图 1-2 中也可以看出，与美国同期相比，货币供应量和增速有明显的差别。美国的通货膨胀对财富的侵蚀已经有了数据对比，通过图 1-2 的对比，中国的情况已经不言自明。

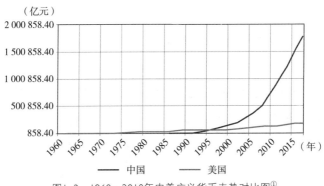

图1-2　1960—2018年中美广义货币走势对比图[①]

　　在历史的长焦镜头中，货币价值不是一成不变的，保住本金，或者说保住财务能力的唯一方法就是让货币同速度增值，至少是稳定和不受损失。

　　无须说财富创造，仅仅财富占有也犹如逆水行舟，不进则退，不要说静止不动，哪怕赶不上任何一波财富浪潮，都有可能被时

①　数据来源：快易理财网。

代的浪潮拍打到岸滩上搁浅。

　　20世纪80年代"万元户"是一个多么了不起的名词，仅仅二十载之后万元又算得了什么，在奢华的场合恐怕还不及一个包包、一顿饭甚至一瓶酒。

　　经典理论认为通货膨胀影响收入分配，对固定收入群体不利，却利于依靠财产性收入的群体。事实上，通货膨胀不仅影响不同收入来源的群体，而且影响着不同的收入层次。通货膨胀在马太效应下对穷人的财富侵蚀力度比富人更强：你有钱，让你相对更富裕；你穷，把你剩下的也拿走。

　　钱不值钱了，是老百姓对通货膨胀最直观的感受和表达。假设不考虑货币乘数的情况，社会的财富总量不变，如果此时将货币的供应量增加一倍，那么原来1元钱能买到的商品要用2元才能买到。

　　通胀不是突如其来的，总是通过货币的流通完成的。货币的供应由其相应的传导机制实现，比如银行贷款，然后再通过各种各样的经济、金融交易活动传导出去。

　　如此，第一批拿到新增货币的人不会有通货膨胀的烦恼，新增的1元对于他们来说仍相当于1元。随着货币的流通，只有最后一批拿到新增货币的人，才会感受到通货膨胀带来的货币购买力差异和财富变化。

　　上面的过程用简单的话说就是：在通货膨胀中，富人的钱比穷人的更值钱，富人比穷人更加受益于通货膨胀。

美国米塞斯研究院高级研究员约尔格·吉多·许尔斯曼在他的代表作《货币生产的伦理》中曾经说过这样一段话，可以佐证上面的结论："新的货币生产，总是使最初的货币使用者受益，而使最后的使用者受损。事实上，在西方，最初的货币使用者是金融市场，即银行，还有大型投资企业，而最终的受害者总是那些僻居乡下远离金融市场的普通民众。这是极不公平的现象。"

道理很简单，许尔斯曼的研究成果适用于全球，中国也不例外。面对通货膨胀，持币还是投资？

想必每个人，特别是穷人，心里都应该有了答案。

互联网时代是信息爆炸的时代，与钱袋子息息相关的财经类信息可以通过智能手机随时获取，通货膨胀会侵蚀自己的财富这些基本的知识尽人皆知。接下来的问题是，如何避免通货膨胀对财富的侵蚀。

美国是西方最发达的国家之一，投资指数基金抵御通货膨胀的道理其实可以推广到全球。不少国外经济学家和国内专家学者也持相同的观点。

美国耶鲁大学著名数理经济学家欧文·费雪提出著名的费雪效应：通货膨胀率上升时，货币利率也会跟随上升。众所周知，金融资产（这里主要指股票指数）的价格与名义利率走势密切相关，后来费雪效应又扩展为股票指数价格与通货膨胀率存在正相关关系，即通货膨胀率上升，股票指数收益率也会相应上升。

根据费雪的观点，购买股票指数成为投资者抵御通货膨胀风险的首选，进而可以避免财富缩水。

对于这个观点，国内投资者也做过专门研究。[1]

国家统计局公布的居民消费价格指数（CPI）一般将上年的同期数据调整到 100，为了保证研究的连续性，研究者选择 CPI 环比增长率作为通货膨胀的代表，以 1997 年各月 CPI 数据为基期，将以后各年、各月数据利用国家统计局公布的同比增长率进行连续化处理，保证研究的连贯性。

随后研究者利用向量自回归模型（VAR 模型）将 CPI 数据与 1997 年 1 月至 2016 年 12 月的上证综指（代码：000001）进行分析，发现上证综指收益率与通货膨胀有不显著的正相关关系，即通货膨胀率上升时，上证综指月度收益率也会不显著地上升。

从名义利率上看，的确可以得出这样的结论验证费雪效应：投资上证综指的收益率可以超过通货膨胀率。

那么接下来的问题就是：如何投资？

知道了股票指数能够跑赢通货膨胀并不能阻止它对财富的侵蚀，很多人即使知道这样的结论也会被拒之门外。

通过股指期货，投资者可以直接参与股票指数的交易，而股

---

[1] 李军，《股票收益率与通货膨胀关系的研究》，《中国市场》，2017 年第 13 期（总第 932 期）。

票期货开户的资金门槛是 50 万元，有报告显示，资本市场个人投资者中账户资产在 50 万元以下的投资者（中小投资者）占比 80.0%，10 万元以下的投资者占比 40.9%。[①]

如此，大多数个人投资者只能望洋兴叹了。即便跨过了资金门槛，作为期货的一种，股指期货也不是散户随随便便能玩的，在带杠杆的交易规则下，任何错误都会成倍地在账户上体现出来。做股指期货有点儿像高空杂技，容不得半点儿闪失。

难道中小投资者就束手无策了？

非也非也！除了投资股指期货，个人投资者可以投资指数基金，参与股票指数交易。

所谓指数基金（Index Fund），就是以购买指数全部或部分成分股为标的成立的基金产品，指数基金就是为了达到走势追踪指数或者完全模拟指数，收益率与指数相同或极度相似的效果。

以上证综指为例，跟踪它的指数基金就有富国基金管理公司旗下的上证综指 ETF（代码：510210）、汇添富基金公司旗下交易型的开放式指数基金汇添富上证综合指数（代码：470007）。

此外，各大股指都有对应的指数基金，有了这么好的产品，还怕不能抵御通货膨胀的风险吗？

抵御通货膨胀是指数基金的一大特色，另外一个特色就是分

[①]　《2018 年个人投资者状况调查报告》，深圳证券交易所。

散非系统性风险。

把鸡蛋放在多个篮子里

投资最重要的原则是什么？

一千个投资者会有一千个说法，巴菲特认为最重要的原则是保住本金，换句话说，如何确保本金的安全、控制风险是每位投资者应该遵守的最大原则。

的确如此，职业投资人要做的是既定风险下收益最大化或者收益既定情况下风险最小化，而对于普通人则更明确：风险要绝对最小化。

因此，如何降低风险就成了投资最重要的事情之一。指数基金最大的特征就是分散风险，一次选择，相当于把鸡蛋放在多个篮子里，这是投资者购买指数基金的重要原因之一。

市场的风险随时都存在，今天这家企业查出财务问题，明天那家企业有产品质量问题，又或者某家上市公司董事长犯了罪被判刑……个股风险爆出的雷最终会影响投资标的的价格走势，进而影响投资者的投资收益。

投资踩雷，特别是连续踩雷是件不幸的事。互联网上曾经有过这样的段子：某位股民 2017 年 4 月初买了乐视网（代码：300104），持有到 2018 年 2 月底亏损 60% 左右；2018 年 5 月底到

2019 年 6 月中旬，买入康得新（代码：002450）亏损 70% 左右；屋漏偏逢连夜雨，行船又遇打头风，这位股民在 2019 年 4 月底不幸又买入了康美药业（代码：600518），在 40 多个交易日里亏损 70% 左右……

短短一年多的时间，这位投资者不断踩雷，三次惨痛的经历导致最后的本金只剩下不到 3%。

虽然这是一个段子，有夸张的成分，但资本市场的投资者时刻都面临着个股的诸多风险。在市场投资的每位投资者就像走到了雷区，一旦不幸踩到地雷，后果不堪设想。

段子听听即可，对每一位投资者来说，需要思考的问题是如何避免自己踩到这样极个别案例的地雷。

答案是通过组合分散风险。

美国著名经济学家马科维茨提出了投资分散化原理，通过分散化的投资方式化解非系统性投资风险。

非系统性风险又称可分散风险，它与系统性风险对应。俗话说，一粒老鼠屎，能坏一锅粥。如果这锅粥是资本市场、证券的集合，那么这粒老鼠屎就是系统性风险；如果这粒老鼠屎坏的是一杯粥而不是一锅粥，其他杯子里的粥就不会受影响，那么它就是非系统性风险。

非系统性风险与资本市场无关，它是由经营管理、信用、财务、操作、道德、流动性等特殊因素导致的，影响证券价格走势的风险。非系统性风险只影响单只证券或者某些证券的价格走势，而不会影响市场上其他证券。因此，投资者可以用分散投资的方法抵消非系统性风险。

在非系统性风险中，面对同样的因素每只标的之间的走势可能正相关、负相关或者无关。道理很简单，原材料涨价了，之前囤货的企业就会受益，下游生产制造企业的利润就会缩减，它们的股价呈现负相关；假设某家汽车企业宣布突破性的专利，只要烧水就能续航1万公里，那么不但这家公司的股价会立刻暴涨，其他相关汽车类企业的股价也会在利好预期下跟风上涨。

投资者很难识别个股风险的雷，如果把这些标的做成一个资产组合，非系统性风险就会被分散。马科维茨的理论很简单，套用一句流行的广告语解释：标的拼着买，风险更分散。

对于如何分散风险这个话题，1981年诺贝尔经济学奖获得者詹姆斯·托宾说得很形象："不要把所有鸡蛋放进一个篮子里。"把鸡蛋放在一个篮子里，一旦意外跌倒就全碎了；如果分开放，哪怕这个篮子的鸡蛋碎了，那个篮子的鸡蛋还是完好的。

多买些标的，就能分散非系统性风险。资本市场上的股票有3 000多只，难道为了分散非系统性风险每位投资者都要买十几只，甚至几十只标的吗？

显然，从资金、成本、管理的角度出发，这种操作效率很低。其实，除了这种简单、直接的办法，投资者也可以通过购买基金达到分散非系统性风险的目的，因为基金本身就是股票、债券、基金等多种产品的组合。基金具有分散风险的能力体现在以下三方面。

（1）基金可以投资的资产种类多，每只基金中可以包含众多种类的标的，从资产配置上看，会有企业债、国债、股票等多种标的，通过多样化的资产配置可以分散单一资产种类造成的风险。

资产组合分散风险的理论得到国际顶级金融机构的认可，它们将该理论付诸实践，并取得了不错的效果。

瑞士瑞信银行研究中心曾经统计了1973—2013年全球资本市场结构和主要投资资产，通过资产权重的构建回测历史数据，最终发现只有20世纪70年代的实际收益率为负数，其他组合每10年的实际收益率均大于零，成功规避了2000—2010年仅投资股票的损失和2010年后仅投资现金的损失。[①]

日内瓦联合会十几年间为客户提供基于全球范围内的最小化风险投资组合产品，这些基金风险降低了四成，但每年收益率超过市场组合2%~8%。

理论和实践证明，基金的组合投资策略能有效化解非系统性风险。

（2）即便只配置一类资产，基金也可以通过标的数量的增加，分散非系统性风险。最简单的例子，股票型基金一般配置几十只

---

① 张学勇、张琳，《大类资产配置理论研究评述》，《经济学动态》，2017年第2期。

甚至上百只股票，这些标的之间的相关性各有不同，一旦某只标的出现非系统性风险，基金中的其他股票完全可以分担、抵消其风险。

假设指数基金中每一种标的出现非系统性风险的概率为1%（这个概率已经非常高了），那么几十、几百只股票同时出现非系统性风险的概率就可以降低到十万分之一、百万分之一，直到忽略不计。

有人利用单指数模型对证券投资风险分散化进行了分析，发现组合投资风险与证券数量成反比，当组合中证券的数量超过30只后，投资组合的方差（一个衡量风险的指标）是原来的3.3%，当证券分别增加到80只和100只时，投资组合的方差降低到原来的1.25%和1%。[1]

既然增加证券数量能够降低风险，那么采用最简单的方法即可。将资金分成几十份，购买不同的标的，即使其中一只出现价格下跌，甚至倒闭退市，遭受的损失也只是几十分之一，损失程度也在可控范围内。这样操作的确降低了系统性风险，但大大提高了交易成本，从效果上看也许并不划算。与此相比，直接购买包含几十种、上百种标的基金是更省时、省力、省心的明智选择。

通过数量的提升有效地避免踩到个股地雷的风险，即便不幸

---

[1] 李庆，《论证券投资组合的风险分散效应与应用》，《现代商贸工业》，2010年第17期。

踩雷，对于整只基金的影响也是微不足道的。当然，这里涉及资金分配比例的问题，组合中某一标的配置比例过高，分散非系统性风险的功能就会打折扣。

（3）特别是对于指数基金定投来说，定投可以多次、分时买卖，能避免一次性交易的风险，能将成本风险分散降低。

很多投资者赔钱，除了不会选择标的的问题外，其中一个重要的原因就是不会择时，往往买在高点卖在低点。基金定投通过在不同时间买进同等数额的投资方式，分散了择时的风险。

第 2 章

投资前要明白的
几件事

投资中的禁忌

投资永远是世界上最难的事情，绝大部分人没有投资天赋，必须按部就班，必须有所准备，绝不能急于求成。

现在，我们就来看几项公理性的禁忌。

禁忌一：拒绝"股市妄想症"

随潮而动，财富大潮中踏浪者可得富贵。20 世纪 90 年代资本市场兴起一波造富浪潮，2007 年、2015 年又掀起两次惊涛骇浪，如果当时你买了指数基金，就是乘风踏浪者，也必然是获得财富者之一。

如今，中国 A 股市场早已不再是一个遍地是宝的去处，有人乘风破浪，有人折戟沉沙。更糟糕的是，相当一批人非但没有探究分析的觉悟，就连最基本的判断都是人云亦云。在 A 股市场或者说投资市场，不是别人赚你就一定能赚，你看到别人的结局未必就是你的结局。

以情绪替代能力，总觉得应该涨多少倍、应该赚多少钱，这就是一种最典型的，也是最常见的"股市妄想症"。

市场中永远没有"应该"、永远没有"如果"，只有"当下"最为真实，所谓投资第一准则"最重要的是当下"，也是指数基金投资最重要的准则。

不断对当下做出解读，哪怕解读与最后结果相反也算是一种修炼。没有不挨打的搏击选手，一次次试错才能对市场之道有所领悟。只凭一厢情愿，或者只凭别人的只言片语、人云亦云就去交易，这是一种典型的把"我欲"当作"我能"，在市场上永远不可能进步。

进入资本市场，唯一的目标就是赚钱，尤其是如何赚大钱、如何赚快钱，指数基金或许就是答案。但是，大家一定要记住，要想通过投资指数基金赚大钱、赚快钱，必须明白哪些事情可以做、哪些事情不能做，这是比赚钱更重要的事情。

投资指数基金是理财的一部分，理财规划是一个科学的过程，必须对个人财务信息、非财务信息、收益预期目标、家庭成员情况进行充分的判断，才能做出完整、科学的规划。移动网络时代，这些信息对个人来说是信手拈来，但遗憾的是，信手拈来不一定代表真正了解，人们往往是凭臆想而不是认真分析得出结论。所以，赚钱是目的，在此之前先要了解自己。

指数基金投资虽好，但它并不适合所有人，站在静态角度向所有人推荐指数基金没有任何意义。个人投资指数基金，除了避免"股市妄想症"，还要杜绝以下四个禁忌。

以下四个禁忌相互独立又紧密联系，衍生出投资者的底线，也是不能跨越的雷池。并非只有指数基金投资，任何投资都必须做到事前明确。

禁忌二：投资忌用杠杆

您的钱从哪里来的？这个问题看似简单，不仅指数基金，也是所有投资最基本的前提。钱从哪里来决定了钱往哪里去，具体来说就是它决定了可以投资哪些产品，另外一些产品则坚决不能碰。"市场有风险，进入需谨慎"不是一句口号，市场风险真实存在，只是很多投资人选择性失明，只看到收益，不关注风险。

那么，选择性失明，风险就真的不存在了吗？

2015 年牛市末端很多人炒股用了 5~10 倍杠杆，结果众所周知。借来的钱终归要还的，有本有息，这就要求操作不但不能赔钱，还要覆盖资金成本，剩下的才算自己赚的。一些资金平台的年化利息高达 20%，投资者的收益率必须在 20% 以上才能覆盖成本，要知道巴菲特的年化收益率才多少？

如果真能持续做到这样的水平，过不了多久世界首富的宝座就要易主了。事实是，人们只看到上涨带来的收益，跨越了雷池，根本不知道其中还隐藏着巨大的风险。

当股票指数倾泻而下时，踩雷是必然的事情，高杠杆无疑爆仓，倾家荡产早已不是什么新鲜事。有些人的行为更可怕，钱是用来治病的，之所以来资本市场，是因为有缺额，目为贪欲所迷。在他们的眼里，市场遍地是黄金，来这里不是为了投资，而是为了赚快钱、快赚钱。

殊不知，在任何地方，"七亏二平一盈"都是不变的铁律。夸张点儿说，市场是财富的刀山火海并不为过。可人们总是在重复前人做过的事，却期望自己得到不同的结果。

杠杆也不是不能加，只是看要加在哪里，什么时候加，加杠杆的人有多大能力控制杠杆，拿生命赌博是背水一战，而背水一战的胜率从来都不高！请记住，无论是投资指数基金或者其他理财产品，轻易不要动用杠杆。

禁忌三：忌短期投机

你投资的期限是多久？急功近利做短线，是非常危险的投机行为。

大家都知道收益与风险成正比，但是，收益未必与投资期限成正比。投资（尤其是资本市场投资）可不是存款或者银行理财，存款或者银行理财产品期限越长收益越高，而指数基金的资本利得是期限越长不确定因素越多，风险越大，收益可能提升，也有可能下降甚至亏损。

不是每一笔自有资金都能被无限期使用，所有资金都是有期限的，用于维持生活的支出没有任何弹性，用于医疗、购房、教育、养老的支出也没太大弹性。投资收益存在波动性，一旦被框定了资金时间，投资者心态就会受到影响，任何一点收益率波动都可能引起神经紧绷。所以，适宜用长期不用的资金做投资，遇到波动可以从长计议，即便出现亏损，也不会对生活和心态造成太大的影响。

特别是对于定投指数基金来说，它需要长期、源源不断的现金流支持，没有这个基础，定投将无从谈起。必须明确投资期限不仅仅基于收益，还基于心态，心态会影响判断，判断会影响收益。

给投资者放一个较长的期限，并不意味着在某一次买卖间隔时间较长，而是给投资者一个良好的心态，能在时间长短之间从容选择。

这个道理适用于众多理财产品的选择，很多人在购买理财产品的时候并不真正了解规则，以为理财和银行存款一样可以随时取出。实际上，绝大部分有时限的理财产品不能随时变现，即便受损失也不能提出现金。即使真遇到急用钱的情况，自己的钱在理财产品中也无法取出来。

禁忌四：切忌好高骛远

一千个投资者眼里会有一千个目标。有人希望保本即可，有人希望收益超过银行理财产品，有人希望资产快速翻倍，有人希望资产顺利传承……

有时根据投资人风险承受能力，目标还要修正，每一个目标对应不同的投资方式，不同的投资方式又决定了不同的操作方法。投资的目标当然是赚取收益，问题是在多长时间内赚取多少收益。

这个时候你可千万不要回答"越多越好、越快越好"。

尽管我们每个人都知道投资的目标是赚钱，实际上很多人潜意识中的目标和理性目标并不一样，明明知道理性目标，操作的时候却按照潜意识中的目标执行。

一个原因，理性目标赚得少，受资产规模、风险接受程度、操作技术、家庭情况、年龄和健康程度等多方面影响，基本上是一个给定值。潜意识目标则简单多了，只需要想象，想多少就是多少，这样得出的数字确实很鼓舞人心，不会有任何限制，于是，

"我欲"就成了"我能"。

每个人都希望多赚一点儿，所以这种情况每个人都有，只是程度轻重不同而已。这个时候我们一定要秉承理性："我能"才是"我得"。

如果你想把 5 万元变成 1 亿元，这样的收益目标就算世界高手也是白日做梦，资金量级一旦超过千万，运作方式和增值速度就会骤然下降。

目标是一个体系，绝非简单的一个收益率。同样的收益率目标，在不同期限下实现的难易程度完全不一样，5 万元变成 1 亿元的投资期限如果是 1 亿年，甚至更长时间，那么普通人投资指数基金完全可以实现。

所以，投资目标是一个完整的体系，收益率、时间、止损线缺一不可。

禁忌五：拒绝突破底线

博击选手都知道，要想打人必先挨打，没挨过打肯定打不了人。投资想赚钱，先要知道赔钱的概率，赔钱的概率往往比赚钱的概率低才能实现目标。投资要么在风险固定的情况下追求预期收益最大化，要么在预期收益固定的情况下追求风险最小化。

按照资本市场投资的模式，我们只能选择前者，因为收益不可控、风险可控。所谓风险可控，就是给自己画一条亏损底线，一旦突破底线，就要认赔出局，无论后市如何都不再关注。

底线是什么，这是一条大过自己欲望的线，如果做不到这一点就不要谈什么投资。

很遗憾，这种人无论在投资市场还是生活中都颇为常见。指数投资中如何避免被伤害？最简单的办法就是画一条底线，不允许自己越过雷池。一旦越过止损线必须转身离开。

请记住，指数基金投资前先画一条底线，一旦超过预设的风险程度，无论何种情况，立马手起刀落出局，之后即使是万丈深渊，也不会伤你半根毫毛。

钱从哪来、投资期限、投资目标、承受多少风险，四个看似简单的问题各自独立又相互影响，最终形成一个完整的约束体系，任何人包括机构都要在此框架下寻求最优解。

投资不是简单的一买一卖，天猫、京东的买卖只需瞬间就能完成，投资是在投入的时候才刚刚开始，直到卖出才结束，整个过程无时无刻不存在着机会，当然，也无时无刻不存在着风险。

个股、指数、指数基金之间的关系

1963 年，美国的气象学家爱德华·罗伦兹在一篇论文中提到一个有趣的现象："一只蝴蝶扇动翅膀足以改变天气变化。"这个发现被命名为蝴蝶效应，并有了一个更加诗意的表达：南美洲亚马孙雨林中一只小小的蝴蝶扇动几下翅膀，就能引发美国得克萨斯州的一场龙卷风。

蝴蝶效应告诉大家：在一个系统中，任何一个不起眼的微妙变化，都会引起巨大的连锁反应。

本书是讲指数基金的，前面似乎说了很多无关紧要的东西，例如股票、股票指数。它们都同时存在于资本市场，都属于一个系统，其中一个发生变化，其他必然会产生反应。南美洲的蝴蝶扇动翅膀都能在美国引起龙卷风，资本市场上紧密相关的个股、指数、指数基金其中一个发生变动，对其他两个都会产生很大的影响。

很多投资者或多或少能感觉到它们相互有着某种特殊的联系：个股下跌会引起股票指数、指数基金下跌，指数下跌能引发个股和相应指数基金下跌等。就像蝴蝶效应一样，个股、指数、指数基金之间必定存在着某种联系。

在买股票、指数基金时，投资者总喜欢用指数的走势替代整个市场的情况，然后再决定买卖，而个股和指数基金的交易反过来又会影响指数的走势，个股、指数、指数基金的相互作用中存在着某种动态特征，这种关系对投资者投资指数基金具有重要的参考价值。

个股、指数与指数基金之间究竟有怎样的关系呢？

　　个股涨幅与股票指数涨幅具有一定的相关性，专业的名词是 β 系数，它源于资本资产定价模型（CAPM 模型），是对特定资产的风险度量指标。简单地说，β 系数就是衡量个股波动（个别资产组合）与股票指数（整体资产）波动偏离度的指标。

　　β 系数是资本市场里常用的一个术语。β 系数既可以是负数，也可以是正数。如果 β 系数是负数，个股和股票指数走势呈负相关，股票指数上涨它下跌，股票指数下跌它上涨；如果 β 系数大于 1，说明个股比股票指数的波动更大；如果 β 系数小于 1，说明个股比股票指数的波动更小。

　　除了能说明个股与指数的关系，β 系数也能说明基金与股票指数的关系。同样的道理，如果基金的 β 系数大于 1，那么该指数基金比市场整体水平更活跃、波动性更强；如果基金的 β 系数小于 1，则说明该指数基金比市场平均活跃水平更低、波动性更小；基金的 β 系数是负数，说明和市场整体负相关。

　　个股、指数、指数基金之间，似乎还有一种"先有鸡还是先有蛋"的关系，股票指数是根据股票的平均价格或股票市值与基准期的相应数值相比，经过一系列计算最终确定，它反映市场的总体变动情况，而个股的走势又会影响指数的变动。

　　"你站在桥上看风景，看风景的人在楼上看你。明月装饰了你的窗子，你装饰了别人的梦。"如果个股是站在桥上看风景的人，股票指数无疑是另一位在楼上欣赏你的人。同样，股票指数和指数基金也存在这样的关系。

很明显，股票指数中个股的上涨或下跌，一定会影响相应指数的涨跌，当指数上涨或下跌后，投资者又会参考指数的走势情况，决定个股的买卖。

对于指数与指数基金也是一样的道理，指数上涨或下跌后，指数基金一定会相应地涨跌，当投资者对指数基金份额申购或者赎回后，又会反过来影响股票市场及指数的走势。

市场上的基金，从投资品种上划分，可以分为股票型基金、债券型基金和货币市场基金。顾名思义，股票型基金是主要或者大部分资金用来投资证券市场的股票，它的交易行为对股票指数的走势会产生一定影响。

债券型基金在整个基金市场中占的比例较小且比较稳定，对股票指数走势的影响可以忽略不计。货币市场基金主要投资短期国债、票据等现金等价物，虽然不投资于证券市场，但由于它超强的流动性，股票指数上涨或者下跌时，在逐利或者避险情绪主导下，随时可以买进或者卖出货币市场基金，这会对证券市场的资金量产生一定的影响，进而影响股票指数走势。

证券市场的涨跌，直接影响基金市场的结构。一方面，股票型基金的市值会随着市场的涨跌而出现规模增加或减少的情况。股票上涨，股票型基金规模增加，也会吸引更多投资者买入股票型基金，甚至货币市场基金持有者会卖出货币市场基金买入个股和股票型基金。有了资金流入，又会推动个股和股票指数的上涨。另一方面，当牛市来临时，基金公司会趁着市场热度发行新的股票型基金。熊市来临时，情况与之相反。

总之，在基金市场上，股票型基金和货币型基金的规模会随着股票指数的表现而出现此消彼长的状态。特别是牛市来临时，股票型基金的收益率上升，货币市场基金偏低的收益率会促使投资者转投股票型基金，它们规模的变化又会进一步影响个股和股票指数的走势。

在资本市场中，虽然散户人数占优，但从资金规模上看，二八效应非常显著，数量并不占优的证券投资基金是最大的机构投资者之一，它们拥有数以万亿计的资金和专业化的投资队伍。

Wind 数据显示，截至 2018 年 12 月 31 日，全国已发公募产品的基金管理公司达 13.01 万亿，其中非货币理财基金资产规模总计 4.86 万亿。虽然基金的仓位会有变化，但平均值为 70%。

这么庞大的资金规模对股票市场的涨跌有举足轻重的作用。为了提升收益率，股票型基金总会进行高抛低吸的波段操作。当它们减仓时，股票指数和个股就会下跌；当它们加仓进场时，又会带动个股和股票指数上涨。因此，股票型基金的规模与上证综指有明显的正相关关系。

个股、指数、指数基金都同时存在于证券市场，它们之间是密不可分的整体，共同构成一个相互影响的系统。明白它们的关系，是为了让读者清楚它们在证券市场运行、影响的过程，而在了解投资指数基金前，还要先了解成本，这样才是知己知彼。

投资前先降成本

经营企业讲究开源节流，如果收入不高，节省不必要的开支就成了必需要素。恰当地开源节流，个人的小日子同样可以过得很滋润。

投资指数基金同样如此，与收益相比，控制成本同样重要。更重要的是提高收益是件很难的事，降低成本却很简单。从某种意义上说，降低成本和提高收益是一码事。赚钱，先从容易的做起。

对于任何非固定收益投资来说，收益具有不同程度的不确定性，买股票谁也不能准确预测盈亏，买指数基金也一样，没人保证一定会赚钱。即便固定收益类产品，有些同样具有不确定性。货币基金和国债逆回购的收益虽然是固定的，但它们也在不停地波动。

投资中确定性比不确定性更重要。既然收益不能事前确定，不如关心确定性成本费用。要知道，省钱比赚钱容易。

对于基金经理来说，想为投资者赚钱并不代表最后一定能赚到钱，包括基金经理在内的任何人都无法在事前确定收益。提高业绩能帮投资者赚钱，少花钱努力降低成本，同样可以达到提高实际收益的目的。

确定不了收益，可以先确定成本。很多基金的费率都是事前确定的，选择低成本的产品，同样是在赚钱。

巴菲特在1996年致股东的信中这样说："我给大家提一个投资建议：大部分投资者，包括机构投资者和个人投资者，早晚会发现，股票投资的最好方法是购买成本费率很低的指数基金。通过投资成本费率很低的指数基金，在扣除管理费和其他费用之后所获得的净投资预期年化收益率，肯定能够超过绝大多数投资专家。"

巴菲特的观点也佐证了我们的观点：投资指数基金要先降成本，省钱即赚钱。

同样的环境下，两只配置相同的指数基金，无疑是成本最小的产品能帮助投资者获得更多收益率。不能确定哪个指数基金赚多少钱，可以先确定哪个指数基金更省钱。选择更省钱的指数基金投资，是理性投资者最明智的选择。

既然如此，投资者就要弄清楚购买基金包含哪些费用，费率如何，怎么买才能更省钱，成本更低。

总体看来，基金成本费用可以归为两类：一是销售产生的费用，二是基金运行、管理产生的费用。

与销售有关的费用主要包括认购费、申购费和赎回费等，认购费率一般在1%左右，申购费率会随着申购金额发生变化，申购金额越大适用的费率越低。赎回费率也会随着持有期限的延长而降低，一般情况是这样：持有不足 1 年费率为 0.5%，1~3 年的赎回费率为 0.25%，3 年以上的赎回费率为 0。

这几项费用一般在进行相关操作时收取，其中，申购费既可以在购买基金时收取（前端收费模式），也可以在卖出时收取（后端收费模式）。后端收取的收费模式下，申购费率一般会随着持有时间的延长逐渐降低直至为零，从这个角度看，股票型基金并不提倡高频、短线交易。

另一大类与基金运行、管理有关的费用主要包括基金管理费、托管费等。基金管理费率一般与基金的规模有关，基金规模大，费率会更低。目前我国大部分基金的管理费率一般为 1.5% 左右。基金托管费通常按照基金资产净值的一定比例提取，一般为 0.25%。目前这两项费用都从基金资产中提取。

想必很多读者已经看明白了：基金公司有时候挺不厚道的，还没开始交易，投资者已经支付了一笔费率不低的费用。如果按照最高标准算，钱赚不赚得到还不确定，实际已经亏损了 2%~3%。

基金的各项费率加起来的确不菲，一位投资者持有某只股票型基金一年，申购费率、赎回费率、管理费、托管费率加起来至少有 3% 左右，同期一年期定期存款的利率为 2.75%，也就是说基金的收益只有超过 5.75% 才能与存银行的机会成本相当。

现实的状况令人伤心，很多股票型基金的表现差强人意。天天基金网的数据显示，截至 2019 年 7 月 26 日有超过 400 只股票型基金的收益率低于 5%，有 300 多只基金的收益不到 3%，不及同期上证指数 3% 的涨幅。

3% 的成本已经相当高了，如果选到业绩不好的基金或者遇到市场不好的情况，投资者的机会成本会更高。

成本控制在基金选择中很重要。但是，究竟应该怎样选择，里面还是有很多窍门的，不一定所有的渠道都需要付出如此高昂的费率。

首先，大家要明确，同样买基金，在不同渠道购买，费率会有很大差异。一般基金公司渠道和银行渠道的费率最高，证券公司次之，互联网渠道最低。

表 2-1 的数据截止日期为 2019 年 7 月 27 日，数据来源为各金融机构官网或 App。以指数基金易方达上证 50 指数 A（代码：110003）的申购费、赎回费、管理费以及托管费的情况为例进行说明。

表 2-1 只列举了一只基金和部分金融机构 App 的费率情况，虽然不能代表全部，但基金申购费率差异的事实确实存在无疑。这个表格只是给大家提一个醒，其他产品和渠道需要读者根据自己的需求做出比较。

表2-1 易方达上证50指数A（代码：110003）交易费用比较

费用	申购费率				赎回费率				管理费率	托管费率
	100万元以下	100万~500万元	500万~1000万元	1000万元以上	<7天	7天≤持有期≤364天	365天≤持有期≤729天	730天≤持有期		
平安银行App	1.2%	0.96%	0.24%	1 000元/笔	1.5%	0.5%	0.25%	0	1.2%/年	0.2%/年
招商银行App	1.5%	1.2%	0.3%	1 000元/笔	1.5%	0.5%	0.25%	0	1.2%/年	0.2%/年
招商证券App	0.6%	0.6%	0.3%	1 000元/笔	1.5%	0.5%	0.25%	0	1.2%/年	0.2%/年
安信证券App	0.6%	0.6%	0.3%	1 000元/笔	1.5%	0.5%	0.25%	0	1.2%/年	0.2%/年
e钱包	1.5%	1.2%	0.3%	1 000元/笔	1.5%	0.5%	0.25%	0	1.2%/年	0.2%/年
天天基金网	0.15%	0.12%	0.03%	1 000元/笔	1.5%	0.5%	0.25%	0	1.2%/年	0.2%/年
支付宝	0.15%	0.12%	0.03%	1 000元/笔	1.5%	0.5%	0.25%	0	1.2%/年	0.2%/年

从表中可以清晰地看出，这只指数基金的赎回费率在各大机构的 App 都是一样的：持有小于 7 天费率为 1.5%，7 到 364 天费率为 0.5%，365 天到 729 天费率为 0.25%，持有 730 天以上费率为 0。

基金交易成本的不同，主要体现在申购费率上。从表 2-1 可以看出，各大金融机构 1 000 万以上的申购费均为每笔 1 000 元，费率的不同主要体现在 1 000 万元以下的部分，也就是说，如果你没有仔细选择购买渠道，就可能比别人多花钱。

银行 App、基金管理公司 App 的申购费率整体高于券商渠道的费率，而券商渠道的费率又高于互联网渠道的申购费率，基金公司和互联网渠道费率相差高达 10 倍。

50 万元申购易方达上证 50 指数 A（代码：110003），在招商银行和 e 钱包的申购费用为 7 500 元，在平安银行申购则费用为 6 000 元，在招商证券或者安信证券申购的费用为 3 000 元。如果在天天基金网或者支付宝购买，则申购费用为 750 元。

因为申购渠道的差异，50 万的申购成本费用竟然最高相差 6 750 元，这几乎相当于一位二线城市职工一个月的收入。能拿出 50 万元投资指数基金的家庭必定收入不菲，但我相信任何人的财富都是辛苦挣来的，没有人会介意多省下一些钱。

通过这张表格，你就可以比较不同渠道费率的差异，选择最适合自己的渠道，在投资前先为自己省下一笔数额不小的费用。

渠道的奥秘

有人可能会有疑问：不同渠道的申购费差异这么大，是不是有些渠道是以牺牲服务换来的，会不会影响指数基金的最终收益？

首先告诉大家，同样一只基金，从不同渠道购买安全性没有任何区别。其次，除了发行的基金公司本身以外，各大渠道都属于代销，能提供的服务差异性非常小，对产品的收益提升的帮助几乎可以忽略不计。

即便你在其他渠道购买了产品，也可以向对应的基金公司寻求帮助和服务，因为你也百分之百是他们的客户。

那么为什么申购费率会差这么大呢？

"店大欺客"

申购费率的差异与我国的基金销售模式有很大关系，这项费用一般很大比例归销售渠道所有，代销机构有很大的定价、议价能力。与互联网渠道相比，银行仍是基金客户来源的主战场，银行代销是各大基金公司的主要销售方式。

众所周知，银行特别是大型银行的销售渠道资源非常稀缺。银行在与基金公司的博弈中，占有绝对优势。更重要的是，银行占据绝大部分市场，不仅仅对基金公司具备定价权，对客户也具备定价权。很简单，大部分客户还是会从银行购买基金，所以不怕高费率流失客户。

与占有垄断地位的银行相比，证券公司、互联网企业的竞争相对充分，更重要的是证券公司、互联网企业本身就没多少市场份额，需要靠费率去争取市场，所以这里的费率比银行低就不足为奇了。

此外，渠道费用与基金业绩、基金规模等变量存在显著的相关性，我国的基金间确实存在争夺销售渠道的互补性策略的互动行为。[①] 简单地说，对于基金公司，银行的努力程度直接关系到自身的命运。为了调动银行的动力和销售资源，处于弱势的基金公司往往会给银行更高的费率，以完成吸引资金、增加管理规模的目标。

基金为了获得更好的渠道资源支持，还会提高尾随佣金的支付比例，这就像土地价格竞次，单个基金的行为看似合理，但最终会提高整个基金行业的费用水平。

渠道动力不同

从另外一个角度也可以理解不同渠道基金申购费率的差异。银行是靠存贷款赚钱的，代销基金属于"兼职"，而对于一些互联网企业来说，代销金融产品是有限的赚钱渠道之一。退一步讲，这些互联网企业甚至可以不赚钱，只为未来在金融产业的布局上放下一颗具有战略意义的棋子。

[①] 宗庆庆等，《从基金竞次看居高不下的基金费率——基于空间计量模型的研究》，《经济学报》，2015 年 3 月第 2 卷第 1 期。

基金的互联网代销渠道对传统银行代销渠道有很大的冲击，互联网企业能够利用客户多、经营成本低、获利成本低的优势，在与基金公司的博弈中获得费率优势，以更有利于投资者的费率水平帮助基金产品吸引资金流入。未来在互联网代销渠道的冲击下，基金行业整体费率一定会逐渐降低。

其实，费率的高低并不是投资者选择基金产品的首要考虑因素，如果基金管理能力强、能帮投资者赚更多钱，谁还在乎那点儿费率？就怕有人浑水摸鱼，利用高费率掩盖自己的低能力。

也许有投资者愿意为业绩更好的基金支付更高的费用，但费率更高的基金，其业绩一定更好吗？

有时恰恰相反。有一些业绩较差的基金管理者会通过收取高额费用来迷惑投资者，证明自己是能力强的基金管理者[1]。无论在国内还是国外，都没有研究表明费率较高的基金选股、择时能力更强。

当市场上大多数投资者不成熟时，能力强的基金管理者会设置更低的费率，能力不足的管理者反而不愿意降低费率。市场上成熟投资者少，低能力的管理者降低费率，不能实行价格歧视，最终得不偿失。高能力的管理者却可以设定比低能力管理者更低的费率，这样能把全部高质量的成熟投资者吸引过来。

如果不能辨别谁是高能力管理者谁是低能力管理者，特别是

---

[1]　王春雷，《基金费率与基金管理者能力正相关研究 —— 基于基金投资者类型的分析》，《技术经济与管理研究》，2012 年第 6 期。

对于指数基金而言，选择费率最低的基金是最明智的选择。由于产品跟踪指数的基金经理的管理能力在费率上体现不出来，那我们就更应该选择低费率的产品。

在市场的不同阶段申购基金的成本不一样，对某一时刻的某一些基金产品来说，投资者申购的成本是巨大的。

有研究表明，在牛市阶段中等业绩的基金会发生"净赎回悖论"，此时投资者的参与成本过高，没有办法辨别哪个基金好、哪个基金差，投资者会选择逆向申购。[①] 因此，此时不适合申购中等业绩的基金。

基金公司营销的最优选择

基金公司的营销和广告行为一般是针对整个公司的品牌而不是某个产品，将广告费用只是投入某个特定产品中，对于基金公司来说不是最明智的选择。将一定的营销费用给予银行、券商等渠道，改变营销方式，比自己投入的效率更高。

从以上讨论可以延伸出另一个问题，除了费率，哪些是选择基金还应该考虑的因素呢？

---

① 冯金余，《参与成本、反向申购与股票型基金"净赎回悖论"》，《证券市场导报》，2015 年 2 月。

基金规模

一般认为，基金管理资金规模增大后，费率会出现下降的趋势，然而这只是某些宣传的噱头，营销人员会很专业地告诉你：规模经济效应下基金的单位费用会降低，利于提升基金业绩。

为了验证这个结论的真伪，有研究以 2011—2013 年的 1 391 只基金为对象，利用实证模型分析，最终发现基金的费率水平的确与基金规模呈负相关，基金规模越大，费率越低，基金业已经形成规模经济效应。[①]

不过研究者最后又表明，基金规模变大，固定费用支出分摊到单位资产上，管理效率高，因此费率水平降低。

对于这个结论，我并不完全认同。基金规模变大，管理效率并不一定提高，这取决于基金公司内部的协调能力，如果协调了内部关系，加强了制度管理，员工的努力程度增加，管理效率提升，那么单位成本自然会下降。相反，如果做不到这些，管理成本就有可能增加。

此外，规模经济只在一定前提下适用，如果一味增加规模，基金的边际成本下降后再次降低的可能性非常低，甚至会出现边际成本增加的情况。

学术界同样有很多与之完全相反的观点：随着基金规模的增

---

① 王强，《中国开放式基金的费率确定及其影响因素的实证分析》，《时代金融》，2015 年第 11 期下旬刊（总第 607 期）。

大，平均费率并不会出现明显降低的趋势。

可能的解释是，规模大的单位基金费用确实可能因为规模经济效应降低了，帮助基金业绩有了提升。规模较小的基金身手敏捷，船小好掉头，能够根据市场情况灵活操作，这也能帮助提升业绩。

基金规模的大小对费率和业绩是否有影响，众说纷纭。我认为即便存在某些影响，但这种效应也不明显。因此，投资者在选择基金时不应该以规模论英雄。

基金存续时间

基金公司成立越久，基金存续时间越长，发行管理的基金产品数量越多，公司内部的治理结构越完善，越能吸引更多优秀的基金经理，其管理水平和风险控制水平也会得到提升，最终帮助提升业绩水平。

因此，在申购基金时，投资者应该选择那些老牌的基金公司，选择旗下产品线较多、基金成立运作时间长的产品。

基金的分红能力

基金的分红能力，能够体现出它的投资能力。基金能否分红，需要满足一定的条件，例如基金净值高于面值，而基金的净值能够反映基金的投资绩效水平，只有投资水平高，净值才会不断攀升，才能不断给投资者分红。

众所周知，我国的股票市场波动很强，基金特别是指数基金也会随之有很大的起伏，如果能在这样复杂的市场环境下保持持续的分红能力，恰恰证明了基金的投资水平。因此，投资指数基金时，要选择那些净值高、不断增长，而且能持续分红的产品。

投资者往往具有"落袋为安"的心理，基金分红相当于把投资者左口袋的钱放到了右口袋，但对投资者来说，却是把部分收益给了自己，相当于分享了基金绩效增长的成果，减少了内心的顾虑。因此，投资者更倾向于选择分红的基金，对于基金公司而言，分红也利于自己吸引资金、扩大基金规模。

在选择指数基金时，除了上面的因素，还应该综合考虑历史业绩、基金经理等因素。投资者在选择指数基金时，拟合优度也是非常重要的因素，关于这个问题，后面的章节将会详说。

第 3 章

与其他理财产品的

比较

与固定收益类产品比较

在众多理财产品中，为什么可以投资指数基金？

众所周知，任何一种投资都是风险与收益并存，高收益意味着高风险，稳定的收益虽然不高，但一般资金更加安全。按照巴菲特的投资理念，保证本金的安全比追求高收益更重要。

一个很奇怪的现象是，一些低收入人群更喜欢投资高风险的股票、期货，甚至外汇等高风险产品，而一些有钱人却更倾向低收益的固定收益类产品。

储蓄、银行理财、债券等低风险、低收益的产品大多是固定收益类产品，与追求高风险高收益的产品相比，更受高净值人群的青睐。有研究显示，这类人群更倾向于投资"旱涝保收"的固定收益类产品。

　　招商银行与贝恩公司于 2019 年 6 月 5 日发布的《2019 中国私人财富报告》显示，中国高净值人群的风险偏好更加偏向于保守型和稳健型：惧怕风险，追求稳定收益。

　　这种情况体现在各风险偏好的占比中。自 2009 年到 2019 年的 10 年中，高净值人群偏好中等收益水平的比例始终占绝大多数，偏好高收益高风险的比例不断下降，与之对应的是，偏好高于储蓄收益即可的比例不断提升（如图 3-1 所示）。

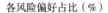

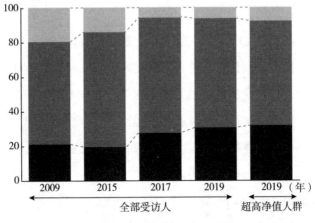

图3-1　2009—2019 年中国高净值人群风险偏好[1]

---

[1]　招商银行、贝恩公司，《2019 中国私人财富报告》，2019 年 6 月 5 日。

也就是说，在高净值人群财富目标中，虽然也有事业发展、享受高品质生活、子女教育、创造更多财富、财富的传承等选项，但他们更看重保证财富的安全，这一目标占比高达 28%，高居所有财富目标首位。究其原因可能是低收入阶层希望能借风险一搏，而高收入阶层已经不需要承担这种风险了。

血制品龙头企业上海莱士（代码：002252）在 2018 年因炒股投资失败损失十几亿元，导致股价在 12 个交易日里暴跌 64% 左右；中国航油股份有限公司总经理在石油期权和期货投机中判断失误，造成公司损失超过 5.5 亿美元，最终向法院申请破产保护。

如何避免投资失败导致破产或者财富出现重大损失的风险？最好的方法就是投资固定收益类产品。

2018 年有研究显示，中国高净值人群对未来一年低风险资产的配置兴趣明显提升（见图 3-2），他们对储蓄及现金、银行理财产品的兴趣分别为 40%、36%，对类固定收益产品及其他固定收益产品的兴趣为 24%。[①]

知行合一是件非常困难的事，但高净值人群投资心态成熟，明白收益和风险之间的辩证关系，非常清楚自己应该怎么做，这也许是他们拥有财富的原因之一。高净值人群的这种心理预期最终体现在现实的资产配置中，低风险的固定收益类产品成了他们

———————————

① 建设银行、波士顿咨询，《中国私人银行 2019：守正创新 匠心致远》，2019年 4 月 9 日。

财富配置的首选。

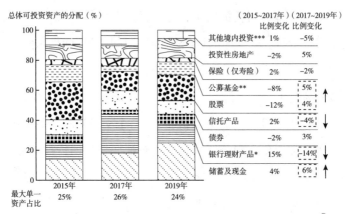

图3-2　2015—2019年中国高净值人群境内可投资资产配置比例[1]

从图 3-2 可以看出，储蓄及现金、银行理财产品、债券、信托产品几乎占高净值人群境内可配置资产的半壁江山。在这四项资产中，除了债券的配置比例降低了 2% 以外，其他三项都出现正增长，包括浮动收益理财产品、非稳定预期收益理财产品和结构性存款在内的银行理财产品甚至出现了 15% 的高增长。

既然追求稳定收益是高净值人群的目标，固定收益及类固定收益产品是他们资产配置的首选，那么作为普通人更应该参考。

除了储蓄及现金、银行理财产品、债券等固定收益产品，指

_____

① 招商银行、贝恩公司，《2019 中国私人财富报告》，2019 年 6 月 5 日。

数基金中也有固定收益类产品，之前提到的分级股票指数基金中的 A 类份额就是固定收益类产品。

固定收益的指数基金 A 类份额和储蓄及现金、银行理财产品、债券等固定收益产品有什么异同，在投资时有哪些注意事项和风险？

收益方面

在分级基金中，A 类基金将自己的财产融资借给 B 类基金，A 类基金获得本金保证和固定的收益率，B 类基金以全部资产净值为限承担风险。

无论 B 类基金盈亏如何，A 类基金都能获得无风险的固定收益，因此 A 类分级基金也属于固定收益类产品的一种。

在所有基金产品中，A 类分级基金的固定收益率是唯一可以在宣传上使用的基金，即便是被大众称为"现金替代品"的货币型基金，也只能使用 7 日年化收益率或万份收益，而不能使用约定收益率或者预期收益率等词汇。至于银行理财产品，一般只能用预期收益率，而不能使用固定收益、确定收益之类的字眼。

在收益率方面，A 类分级基金的收益一般事先约定，为一年期定期存款利率加上一定的固定利率或加上一定的浮动利差。

信诚沪深 300 指数分级 A（代码：150051）的收益率即固定收

益，年化收益率为一年期定期存款利率（税后）+3.0%；银华沪深
300 指数分级 A（代码：150167）也为固定收益，年化收益率为一
年期定期存款利率（税后）+3.5%。截至 2018 年 6 月中旬，A 类
基金的平均实际收益率在 7% 左右，股票型分级 A 类基金的收益率
更高。

A 类基金的约定收益不但高于同期银行定期存款的利率，受
资本市场各种风险因素的影响，一般也会高于货币市场基金、债
券和银行理财产品的收益率。

但是，A 类基金的收益是与 B 类基金约定的，基金管理人
只有管理职责，并不承诺或者保证 A 类基金绝对可以获得本金
和收益，如果出现极端情况，A 类基金的本金和收益也可能会有
损失。

期限方面

根据分级基金的性质，A 类基金又可以分为有期限 A 类约定
收益份额基金（以下简称有期限 A 类基金）和永续型 A 类约定收
益份额基金（以下简称永续型 A 类基金）。

场内交易的有期限 A 类基金一般由银行销售或由证券公司代
销，到期后一般终止上市，或者合并成 LOF 基金，或者按照净值
转换为母基金后再次进行拆分。

期限方面，一般两年或者三年进行一次循环，相当于一个存本取息的过程。场内交易的有期限 A 类基金价格波动很小，投资者一般到期获得固定收益即可。

与储蓄、银行理财、债券相比，有期限 A 类基金获得收益的周期更长。

永续型 A 类基金虽然分级期限是永久的，但一般约定有定期折算条款，投资收益会在约定期限到来时以母基金份额赎回的方式获得，或者 A 类基金与 B 类基金合并成母基金，再进行赎回也可以获得收益。

即便发生不定期折算，永续型 A 类基金的本金和收益也有 B 类基金的保证，因此风险相对较低，相当于有担保的信用债券，份额收益可以看成永续债的利息，投资这类基金相当于存本取息。

储蓄和银行理财产品没有永续存在的概念，债券产品中除了部分国债品种，永续债也很少。

与储蓄、债券、银行理财产品在约定时间获得约定的收益相比，永续型 A 类基金通常还有一个不定期折算条款，一旦达到该条款，也要启动折算行为。因此，永续型 A 类基金确定的获利期限中又包含了不确定因素，这也是 A 类份额的潜在风险因素。

表 3-1 给大家介绍了几只永续型 A 类约定收益份额基金（投资有风险，进入需谨慎）。

表3-1　部分永续型A类约定收益份额基金介绍

基金名称	基金代码	约定收益率	定期折算日
鹏华证券保险分级A	150177	一年期定期存款利率（税后）+3%	每个会计年度第一个工作日
鹏华资源分级A	150100	一年期定期存款利率（税后）+3%	每个会计年度第一个工作日
申万菱信申万证券分级A	150171	一年期定期存款利率（税后）+3%	每个运作周年的结束日
鹏华信息分级A	150179	一年期定期存款利率（税后）+3%	每个会计年度第一个工作日
信诚中证500指数分级A	150028	一年期定期存款利率（税后）+3.2%	每个基金运作周年的最后一个工作日
信诚中证800医药指数分级A	150148	一年期定期存款利率（税后）+3.2%	每年12月15日（若该日为非工作日，则提前至该日之前的最后一个工作日）

数据来源：根据各基金产品公开资料整理。

虽然A类基金有约定利率，B类基金以自己的资产承诺最后的还本付息，但在强大的市场风险冲击下，A类基金的本金和收益并不是百分之百安全。最后，我们了解一下投资A类基金与其他固定收益产品与众不同的风险。

市场风险

A类基金所能遇到的市场风险，是指在证券市场中因利率、汇率、股价变动等因素导致其资产价格和净值发生变动的风险。A 类基金是普通基金的金融衍生品，它适合厌恶风险的稳健投资者，作为金融市场的一分子，必然躲不过市场风险。

市场风险不仅局限于 A 类基金，其涵盖的对象包括但不限于所有的基金产品、债券、股票、期货等金融产品，其价格都会受到市场风险的冲击。相对而言，储蓄和银行理财产品受利率因素的影响具有滞后性，A 类基金受市场风险冲击的影响更直接、更大。

市场风险具体到 A 类基金，就是市场价格的波动影响到市价与基金净值的关系，致使投资者不能持有 A 类基金获利，甚至导致亏损。

多数情况下，A 类基金的市价相对于基金净值来说，都有一定程度的折价，但有时也会出现平价甚至溢价的情况。A 类基金发行时净值均为 1 元，当市价高于净值时，在折算时就无收益可言，甚至会出现亏损，这种市价高于净值的风险，一定要及时规避。

前海开源中航军工 A（代码：150221）在 2019 年 6 月底到 8 月初的一段时间里，市价总是高于其净值。这种存在溢价的 A 类基金，投资者在投资时就需要注意市场风险。

另外一种情况，当 B 类基金下跌到 0.25 元的阈值附近时，会触发折算条款。此时 B 类基金的杠杆非常高，触发折算条款到折算基准日还有一定时间，如果折算基准日价格大幅下挫，B类基金净值有为0甚至负值的可能。此时，B类基金的风险就会传导到A类基金身上，A类基金的本金和利息都会受到影响。

受市场风险影响发生亏损的现象，在储蓄、银行理财、货币等固定收益理财产品身上绝对不可能发生。

流动性风险

流动性风险就是不能成交或者不能以满意的价格迅速成交的风险。

如果不能成交，无论盈利多少或者亏损多少，盈亏都只是账面上的一串无聊的数字，就像一潭没有一点儿涟漪的死水，没有任何生机。

不能以满意的价格迅速成交，同样也属于流动性风险，此时卖方就要降价，买方就要涨价，买卖双方支付一定的成本才能达成交易。

流动性风险主要体现在资金流动性风险和市场流动性风险两方面。资金不足或者流转不充分，会导致数量上的供需不平衡，导致流动性风险。此外，时间上的偏差也是流动性风险产生的原因之一，一方想买（卖），却在这个时刻找不到相应的卖方（买方），流动性同样不足。

场内 A 类基金可以随时交易，它的流动性不但比场外 A 类基金强，还要强于储蓄、银行理财、货币基金和债券，流动性风险更小。场外 A 类基金的流动性较差，流动性溢价弥补流动性的不足是必不可少的。

利用分级基金套利的方法，也会面临流动性风险。A 类基金和 B 类基金会合成母基金，母基金会被赎回获利。巨额的赎回会导致基金回归缩减，而基金公司是按照基金规模的比例收管理费的，基金规模越小，管理费越少。

为了避免巨额赎回，维护自身利益，有时基金公司会在临近折算值前大幅减仓甚至清仓，使 B 类基金的净值维持在 0.25 元以上，不触发折算条款。2015 年 7 月 8 日，电子 B（代码：150232）就发生过这种情况，A 类基金的投资者就因为流动性风险而不能享受套利收益。

与其他固定收益类产品相比，这类流动性风险是 A 类基金特有的。

套利风险

分级基金的母基金、A 类基金、B 类基金存在于两个市场，价格是由两种机制形成的，因此就会有套利机会。其他固定收益类产品不存在套利的可能，也就没有套利风险。

分级基金套利过程中，折价变现日可以将母基金按照当天基金净值赎回，套利时要承担两个交易日的市场风险。这两天中，如果市场大幅下跌，母基金的净值也会跟随下跌。此时，套利空间就会被压缩甚至导致套利失败、亏损。信息 A（代码：150179）在 2015 年 8 月底向下折算时，在折算后的两天大幅下跌超过5.2%，最终导致套利失败。

斗转星移，分级基金的市场形势也会发生变化，投资者一定要认清风险，跟上市场形势的变化。

分级基金在 2015 年牛市时大放异彩，股灾时又有人因此折戟沉沙，未来还可能会云卷云舒，但只有一部分人才有资格参与到这场游戏中。

2016 年 11 月，沪深交易所发布了《分级基金业务管理指引》，明确规定自 2017 年 5 月 1 日起，申请开通分级基金交易权限的投资者需要满足"申请权限开通前 20 个交易日其名下日均证券类资产不低于人民币 30 万元"等条件。

有了这个限制，与储蓄、银行理财产品、债券相比分级基金的投资门槛会更高。

基金定投与年金保险

小李和小王同样生活在某省会城市，也许是机缘巧合，他们在某一天分别走进了保险公司和银行，理财经理分别向他们推荐了相同的理财方式：指数基金定投和年金保险。

银行的理财经理说："指数基金定投类似于银行的零存整取，在固定的时间买入固定金额的基金（一般指指数基金），等市场上涨后赚取盈利，长期投资收益可以作为养老金的补充。"

保险公司的理财经理说："买入年金保险，相当于定期定额给自己攒钱，等年老之后，每年甚至每月都可以拿到一笔钱。既可以作为自己的养老金，也可以作为孩子的教育金。"

小李和小王从未谋面，但此刻他们面对同样的问题：应该选择哪个理财产品？

先不着急回答这个问题。运用前几章的知识，读者应该清楚，要找出问题的答案，应该先了解本人的情况、理财需求、产品特点，最后才能量体裁衣。

先来看看小李的基本情况。

小李今年 26 岁，大学毕业后留在某省会城市工作，扣除五险一金后月收入 4 500 元，目前没有房产和汽车，余额宝有 5 万元存款，每月房租支出 1 500 元，日常消费支出 2 000 元。未来三年，小李打算再攒一些钱，加上父母的资助在城郊附近购置一套小两居。

小李总感觉自己是"隐形贫困人口"，面对微薄的薪水，希望提高理财收益，为未来的购房需求多积累一点儿存款。

与大多数月光族的同龄人相比，小李有较强的理财意识，不但没有负债，手中还有 5 万元存款。以目前小李的收支状况看，每年能有 1.2 万元储蓄，未来的需要是积攒置业首付。

从家庭生命周期看，小李属于形成型家庭；从风险测评看，属于风险偏好投资者，在承受一定风险压力时，倾向于选择高收益的理财产品。

小李面临的主要问题是，低收入、高支出，目前最棘手的问题主要在保障、投资方面。考虑到小李目前的年龄，未来两三年恋爱、购车、结婚的可能非常高，紧随其后，还要面临生育的问题。除了五险一金外，小李没有商业保险，风险保障不足。

再看看小王的基本情况。

小王今年 36 岁，月收入 1 万元；妻子胡女士今年 35 岁，月收入 6 000 元。夫妻二人每月生活费支出 5 000 元左右。6 岁的儿子马上要读一年级，每月支出 2 000 元。目前夫妻双方有一套价值 180 万元的住房，房贷剩余 25 年，每月还款 4 000 元左右。

其他资产方面，拥有储蓄及货币基金 3 万元，10 万元定期存款，2 万元股票。综合收支状况，一年结余 4 万元。

夫妻二人除了五险一金外，购买了综合意外险、定期寿险、百万医疗等商业保险，每年保费共计 2 万元。他们希望未来有一笔钱，作为儿子的教育金；对于夫妻双方自己，希望在社会保险外，补充一些养老金，保障退休时现有生活水平不降低。

从家庭生命周期看，小王夫妇属于成长型家庭；从风险测评看，小王家庭属于平衡型，风险承受能力居中，可以综合考虑风险和收益。

小王夫妇目前的保障比较全面，面临的主要问题是低收益的储蓄配置比例过高，儿子的教育金、夫妻双方的养老金准备不足。

以上是小李和小王的基本情况，了解完这些，并不能回答选择哪个产品的问题。毕竟，是否选择某个理财产品，不但要了解自己的情况，还要对应理财产品是否匹配自身的需求。

基金定投和年金保险有哪些异同呢？

期限方面

年金保险首先是一种保险。简单地说，就是投保人定期定额"存钱"，一定期限后，被保险人按照约定领钱的产品。从期限上看，分为短期缴费和长期缴费两种，长期缴费的期限一般为10年、15年、20年、30年；短期缴费的期限，一般为3年或者5年，与基金定投分期、分批、定期定额买入的方式有异曲同工之处。

年金保险的缴费期限比较长，因为年金保险相当于现在"存钱"，未来"领钱"，所以现在"存钱"越多，同样的收益率下，未来"领钱"越多。从储蓄角度看，最理想的方式，就是趸交（一次性缴纳全部保费），但这样的方式与基金定投分期"买入"

的方式完全不同。

基金定投也是分期、分批、定期定额投资，由于市场短期波动较大，投资期限一般是按周或者按月，比年金保险按年的投资周期更短，更适应市场波动。

从期限看，基金定投虽然也属于长线投资，但面对市场的波动，长期持有不动并不是理想的状态。市场中一轮小牛市、小熊市最多三五年，操作周期正适合基金定投的操作频率。

从期限上看，基金定投主要以几年为期的短期投资为主，年金保险属于十几年、几十年的长期投资。

收益率方面

年金保险和基金定投都属于一种投资方式，保险公司也会将保费拿去投资，但与基金定投不确定的收益相比，年金保险一般会在条款里规定一个保证利率，相当于对投保人和受益人承诺了最低收益。

不过，对于变额年金保险来说，保险公司将保费拿去投资，投保人和被保险人承担盈亏风险，保险公司承担死亡率和费率变动的风险。这类年金保险条款里没有最低保证利率，因此也算是一种风险投资行为。

基金定投本身就是一种风险投资行为，按照历史走势复盘，只能说这种投资方式获利的概率比较高，名义上能够抵御通货膨胀，但没有任何人、任何理论可以保证一定能获利以及获利的程度。

从收益率或者收益确定性方面看，一般年金保险的收益有最低收益保证，收益更加确定，基金定投的收益具有不确定性，风险更高。

流动性方面

保险具有强制储蓄功能，这主要体现在退出机制上。保险公司一般会在期初计提各种费用，投保人一旦退保，在短期内会遭受巨大损失，即便几年后再退保，最多也就是盈亏平衡。因此，买了保险，投保人一般不得不继续缴纳保费。

年金保险也是如此，在缴费期间，投保人没有任何变现渠道，保单抵押和保单贷款虽然可以提供一定的流动性，但相对于总保费来说，只能获得一定比例现金，资金使用周期一般也比较短。

基金定投在资本市场流动性非常强。理论上，基金定投需要定期、定额投入，但这只是计划，没有任何强制性，只要有流动性，就可以立即停止计划，随时在资本市场变现。

基金定投的流动性明显强于年金保险，对流动性有要求的投资者，选择基金定投比年金保险更适合。

门槛方面

基金定投的门槛非常低，一般为 100 元起，可以说是平民理财方式。无论你是像小李一样刚刚毕业、收入不高的上班族，还是退休老人，都可以用基金定投的方式理财，为自己准备一笔资金。

相对而言，年金保险的门槛相对较高，一般为几千元甚至是上万元起步，很容易将一些小资金、低收入群体挡在门外。

保障方面

保险最终姓"保"而不是"投"，保障才是保险的第一属性。年金保险除了投资属性，第一属性还是保障，它保障的对象是人的生命，在合同期内，被保险人只要生存，受益人就可以按照约定领取年金，同时获得一定的人身死亡保障。

相对意外险、定期寿险而言，年金保险的杠杆倍数相对较低，保障程度不高。基金定投则没有任何保障，本金及全部盈亏抵御全部的风险。

其他方面

年金保险具有遗产规划、避税避债功能，在私人理财报告中，国内外很多富裕人群的财产传承都是通过保险实现的，基金定投则没有这方面的功能。

在高利率时代，年金保险的约定最低收益也比较高。但高利率不可能长期维持，一旦利率下降，普通投资者就难以享受高利率。因此，在高利率时代买入年金保险，能够锁定未来的长期收益。

综合小李、小王的基本情况，通过对比基金定投和年金保险的异同点，应该可以看出，小李适合期限更短、流动性更强、门槛更低的基金定投，小王夫妇则适合期限更长、收益有保证、有强制储蓄功能的年金保险。

提前还房贷不如投资指数基金

吃穿住行中，住是关乎每个人一生的大事。住房商品化改革后，居民的房子大多通过住房抵押贷款购置。等到收入增长，手里有了余钱就会面临一个选择：提前还贷还是将资金投资指数基金？

为了说明这个问题，这一节继续用案例的形式讲解。

三年后，29 岁的小李通过努力和基金定投，终于成功地攒够了首付，并和爱人一起在省会城市买了一套小两居室。

目前小李工作和收入已经稳定下来，月税后工资已经提高到了 8 000 元，预计 60 周岁退休。爱人小王 27 岁，税后月收入

6 000 元，预计 55 周岁退休。

房屋的总价为 115 万元，按照 3 成首付，小李夫妇已经付了 34.5 万元，按照商业贷款 30 年，4.9% 的基准利率执行，等额本息的还款方式，贷款总额为 80.5 万元，支付利息总额为 73.305 万元，等额本息的还款方式下，每月需要还款 4 272.35 元。

从支出上看，小李夫妻二人日常每月消费支出 5 000 元左右，夫妻二人分别购买了综合意外险、定期寿险、住院医疗险和重大疾病保险以规避意外、疾病、死亡等风险。30 年缴，每年二人总保费为 2.4 万元。

小李夫妇的房贷负担比只有 30% 左右，从目前的收入和支出情况看，每年能够结余 3.27 万元左右。

从家庭生命周期看，小李属于成长型家庭，未来三年，小李夫妇有生育计划；从风险测评看，属于风险偏好投资者，能够承受一定风险。

三年后，小李夫妇有了一个女儿。通过投资，三年的本利已经达到 12 万元，未来希望通过理财，积攒更多的资金，为子女教育、自己的养老问题提前做好规划。

小李夫妇目前的主要问题是高收入、高支出，30 年的房贷是压在头顶的一座大山，为此要支付高达 73.305 万元的利息，这笔巨款甚至可以再买一套房子。

小李夫妇已经按期还款三年，考虑将手里的 12 万元一半留作流动资金，应对紧急情况。为了减轻自己的压力，小李计划将另外 6 万元提前偿还商业贷款。

小李的爱人则有不同意见，认为此时应该继续按照约定偿还贷款，6 万元应该继续定投指数基金。两个人的意见产生了分歧，于是再次咨询理财规划师。

从理财规划的角度出发，提前偿还住房抵押贷款是否适合需要考虑贷款方式、贷款利率与投资收益之间的关系、已偿还期限等多种情况，下面就小李的情况，结合这几方面具体说明。

贷款方式

无论是等额本息还是等额本金的还款方式，折现后的总额是相等的，之所以出现名义上的差别，是由于占用银行本金时间长短不同。因此，这里不区分这两种还款方式的异同，只说商业贷款和公积金贷款的区别。

住房抵押贷款一般分为公积金贷款、商业银行贷款和前两种方式的组合，一般公积金贷款利率比较低，按照小李所在的城市计算，贷款利率只有 3.25%，比商业贷款低了 1.65%，同样是 30年，利息少支付 27.682 万元，每月还款额降低到 3503.41 元。

银行商业住房抵押贷款主要是为了盈利，而公积金住房贷款主要是为了帮助解决住房需求，利率较银行贷款会有很大的优惠，有时甚至低于同期存款利率，因此，要买房的朋友应该充分利用住房公积金贷款。

公积金贷款的低利率，相当于是给上班族发的福利，能用一定要用，而且要尽量增加贷款数额、延长贷款期限，将福利最大化。

如果有公积金贷款，一般不提倡提前还款，毕竟 3 年期定期存款的利率都有 2.75%，这样算下来，贷款利率只有 0.5%。如果与其他贷款利率相比，公积金贷款的优势更加明显。

真正会理财的人，在任何情况下都不会提前偿还公积金贷款。合理利用杠杆，适当负债，用钱生钱，这才是富人思维。

同样的道理，如果是组合贷款，提前还贷首先要偿还商业贷款，公积金贷款位于次级偿还顺序。

小李的房贷是纯商业贷款，即便如此，也不建议提前还贷。

在传统思维中，负债不是一件光彩的事，在买房这件事上，很多人一定这么想，把手头的钱都用上，能少贷款就少贷款，能不贷款就不贷款。但贷款的正确原则是：能多贷一分钱，绝不少贷一分钱，一定要把贷款用到极限！

至于利息和现金流，先不考虑。道理很简单，房贷是最容易拿到的银行贷款，也是金融系统给普通人最大的一笔福利，仅仅考虑这几十年多还多少贷款本息，就不可能把资金用到极限，资金用不到极限，你必定无法占有更多财富。

贷款利率与投资收益之间的关系

占有更多财富的方式，就是投资。贷款需要支付给银行利息，投资是自己得到收益，是否需要提前还贷，明白人都清楚，需要比较贷款利率与投资收益的关系。

换一个角度也可以理解，还房贷和基金定投一样，需要定期、定额支出一定资金，完全可以看成定投，与定投不同的是，这种投资方式的收益率是确定的，即贷款利率。选择什么方式还房贷，只要比较两种方式的收益率高低即可。

如果贷款利率高于投资收益率，相当于支出大于收入，那么一次性偿还贷款总额是合适的；如果贷款利率低于投资收益率，相当于支出小于收入，那么将钱投资到其他领域，不但能支付贷款，还能赚取更多收益，此时不提前还贷而是去投资更为合适；如果贷款利率等于投资收益率，相当于支出等于收入，看似是否选择提前还贷都可以，其实，此时不选择提前还贷更适合。资金具有流动性，选择提前还贷，自己的资金就没有了流动性，把钱拿在手里不会吃亏，还享受流动性，何乐而不为？

只要贷款利率不高于投资收益，不提前还贷就是最优选择。目前小李的商业贷款利率为 4.9%，定投指数基金的收益最起码能搭上国家经济发展的快速列车，取得与指数相同的收益。

自 1990 年至 2017 年初，上证指数的年化收益率高达 14.3%。

自编制公布至 2017 年 6 月中旬，上证 50 的年化收益率在 7% 左右，沪深 300 的年化收益率在 10.5% 左右，中证 100 的年化收益率在 11.5% 左右，中证 500 的年化收益率在 15.5% 左右。

提前还贷还是投资指数基金，已不言自明。

已偿还期限

再次强调贷款的正确原则：能多贷一分钱，绝不少贷一分钱！

等额本金和等额本息还款总额名义上的差别，是由偿还银行利息的方式决定的，一个是利息开始所占比例大，随后越来越小；一种是本金和利息等额偿还。

一般对于等额本金的偿还方式来说，还款期一旦达到四分之一，在月还款额中本金的数额就开始多于利息，此时再提前还款，将偿还更多本金。

对于等额本息的还款方式来说，如果还款期已经到达了三分之一，那么在月供中，本金的比例已经超过一半，利息占的比例越来越小，未来要还的基本是本金。因此，此后提前还款不合适。

小李的房贷还款方式为等额本息，已还款三年，理论上可以提前还款，但考虑到未来子女教育问题和夫妻二人的养老问题，不建议提前还款，而是应该留 2~3 个月的工资做应急储备，剩余资金定投指数基金，以获取更高收益。

家庭资产配置的必备品

与其他理财产品相比，指数基金有自己的优势，在家庭理财配置中必定占有一席之地。既然明白了这些，接下来的问题是在家庭理财中，如何才能实现这样的目标。

在家庭资产配置中，因为个体和家庭的不同会千差万别，例如年龄、收入、目标、期限、风险承受能力等因素都会影响家庭资产配置。基金特别是指数基金定投，是抵御通货膨胀风险，获取投资收益，科学规划家庭资产组合配置的必备投资品类。

从理财角度看，一个家庭拿出多少钱（或者说拿出多少比例的家庭财产）投资指数基金比较合适，是金融资产的组合问题。这个问题没有一刀切的答案，毕竟每个人的情况都不相同，有一些广谱性原则可以跟大家一起讨论。

不只指数基金，任何金融资产配置最大化的前提都是手里必须有钱。在这个基础上，家庭必须留足现金（现金 + 活期储蓄资金等于三个月收入）保证日常开支。

此后，要考虑自己有没有买保险，如综合意外险、定期寿险、百万医疗险、重疾险有没有配置，是否足额。这类支出是为了满足居民的预防性需求。除去必要支出与预防性开支，剩下的钱才是可以用来投资的。

金融产品具有一定收益性的同时，也具有一定的风险性，收益越高、风险越大。普通人的收入不高，一般情况下每个月的结余不是很大，风险承受能力也较弱。

从这个角度讲，普通家庭的钱一半以上由于购买银行发售的债券型理财产品或其他保本型理财产品最为合适。

如果实在对股市和任何金融产品都有兴趣，可以拿出一部分钱，从这部分钱投入股市的第一天起就记为损失，从这个意义上来说，这种投资不是理财。

即使是比较富裕的家庭，也请记住，金融类高风险产品配置不能超过家庭净资产的50%（请注意，是净资产）。净资产的一半也不是全部拿来投资指数基金，其中2~3成资金应该用来购买国债，剩余的2~3成可以用来投资指数基金。

从安全和科学的角度看，整个资产配置就像一座金字塔，底层低风险的资产配置比例一定要高，越往上风险资产配置比例越低。下层大部分安全资产作为防护垫，上层指数基金等风险性资产博取高额收益。塔尖上高风险产品的投资即便失利，因为配置比例不高，也不会对整体造成太大的影响；如果投资成功，那就是锦上添花。

中国经济趋势研究院编制的《中国家庭财富调查报告（2018）》的数据从侧面证实了上面的观点。

2017年中国家庭人均财富为194 332元，其中房产净值占家庭财富的66.35%，金融资产所占比重为16.26%。从金融资产的结构看，城镇家庭和农村家庭中安全性较高的存款、现金占全部金融资产的比重都超过了八成。显而易见，这种资产配置结构明显不合理，至少应该增加指数基金等金融资产的份额，让其成为家庭资产配置的必需品。

某三线城市的陈先生，6 岁的儿子马上上小学，陈先生夫妇经营一家小餐馆。目前家庭月收入为 3.5 万元，生活支出、子女教育支出、房贷支出、餐馆门面支出、其他支出等合计每月约 3 万元。

陈先生的家庭资产负债情况如下：活期存款 1.1 万元，定期存款 50 万元、余额宝 23 万元，房贷余额 37 万元，剩余还款期限为 28 年。

在保障方面，陈先生夫妻双方都按照当地最低标准自行缴纳了社保。夫妻双方都没有其他商业保险，一旦遇到意外、疾病，生活质量很难保障。

陈先生家庭收入相对可观，属于成长期家庭，经过风险测评，陈先生家庭为平衡型。每位家长都是望子成龙的，陈先生也一样，希望给儿子储备教育金，让其未来能获得优质的教育资源，但目前餐馆经营面临诸多风险，收入很可能因为竞争或其他原因发生中断或亏损等情况，不确定的收入很可能导致儿子的优质教育计划化为泡影。

综合陈先生家庭的资产负债情况、家庭结构以及未来需求，提出以下建议：

一是增加活期存款及现金类产品数额，提升流动性需求，以满足不时之需。将现金类资产增加到月收入的2~3倍，即7万~10.5万元。建议减少固定存款的比重，转移到权益类投资上，重点推荐指数基金产品。

二是未雨绸缪，处于成长期的家庭未来可能会面临意外、疾病等诸多风险，但陈先生家庭的保障显然不足以应对这些，建议增加意外险、医疗险、重疾险等保险产品以解除后顾之忧，以备不时之需。

三是陈先生家庭目前处于成长期，面临的风险较小，承受压力能力强，建议积极主动投资。子女教育是陈先生家庭的重点需求，不建议投资股票，而是在未来5~10年定投指数基金，积累投资经验的同时获得长期稳定收益，为子女未来储备充足的教育金。

考虑到陈先生家庭的风险承受能力，建议每月定投金额在4 000元左右，其中指数基金定投金额为3 000元左右，债券类基金和货币类基金定投金额为1 000元左右。

那么，投资指数基金之前应该先了解什么？建议和陈先生家庭情况类似的朋友继续往下看。

第 4 章

板块指数全解析

指数基金的分类方式

子曰："工欲善其事，必先利其器。"想投资指数基金赚钱，必须先对其有充分的了解，把准备工作做好。

关于指数基金的分类，先按照传统的分类方法介绍，基础较好的读者可以从第二节开始读，直接进入实用性更强的分类方式。

按照指数编制原则划分

按照指数编制原则划分，指数基金可以分为综合指数基金、成分股指数基金、板块指数基金。

综合指数是表明事物综合变化情况的指标，代表了复杂市场的整体变动情况。例如，CPI 代表某个时间的物价增长水平，每个季度公布的 CPI 数据都用折线图画出来，表示过去一段时间物价水平的整体变动情况。

回到资本市场。上证综合指数（简称上证综指，代码：000001）是上海证券交易所编制的股票综合指数，它是以在上海证券交易所挂牌上市的全部股票为计算范围，以股票发行量为权重综合编制的，反映上海证券交易所所有股票整体走势的股票综合指数。

同样，深圳证券交易所也公布了深圳证券综合指数（简称深证综指，代码：399106），它代表在深圳证券交易所的所有股票价格的整体变动情况。

根据证券交易所的上市规则，公司想要上市必须在盈利、管理、股本等方面达到严苛的条件。能在全国几百万、上千万家企业中脱颖而出成功在证券交易所上市，一定是出类拔萃的优质公司，能买到这样企业的股票，一定能搭上最优秀公司发展的快速列车，分享它们的经营成果。

能代表这列列车的，除了股票指数，还有跟踪股票指数的指数基金。所谓综合指数基金，主要是指跟踪、模拟综合指数的基金。指数基金最大的特色，就是对股票指数最大限度地跟踪、复制。如果一只指数基金和对应指数的走势一模一样，说明这只指数基金的运作相当成功。

与上证综指对应的指数基金，前面已经提到是上证综指 ETF

（代码：510210）、汇添富上证综合指数（代码：470007）；很遗憾，目前深证综指没有对应的指数基金。

除了这两个指数外，市场还有与中小板指数（代码：399005）、创业板指数（代码：399006）对应的指数基金，诸如华夏中小板 ETF 联接 A（代码：006246）、华夏创业板 ETF 联接 A（代码：006248）、南方创业板 ETF 联接 A（代码：002656）。除此之外，汇添富、广发、建信、工银等基金公司都有相应的指数基金产品。

综合指数虽好，但对应的指数基金可选择的范围太小或者没有，怎么办呢？对于投资者来说，买入综合指数对应的指数基金也许并不是最优选择，毕竟几千家上市公司质量参差不齐。

那么该如何选择呢？

其实，除了综合指数外，证券交易所和中证指数有限公司公布了一些成分股指数。

所谓成分股指数，就是根据一定的标准，对上市公司进行严格的筛选，将符合条件的股票编制成指数。如果说综合指数代表全班的整体成绩，那么成分股指数就是同一个属相的同学单独编制的指数，代表全班某个属相同学的成绩水平。

最著名的成分股指数包括上证 50 指数（代码：000016）、深证成分指数（代码：399001）、沪深 300 指数（代码：399300）、创业板 50 指数（代码：399673）、中证 100 指数（代码：399903）、中证 500 指数（代码：399905）、央视 50 指数（代码：399550）等，各大基金公司旗下几乎都有与它们对应的指数基金产品（如表 4-1 所示）。除了这些，各位还可以通过天天基金网、证券公司客户端等工具，查询其他相关指数基金产品，那里有更多产品供你选择。

表4-1　部分成分股指数基金

指数基金	上证 50 指数	沪深 300 指数	中证 500 指数	中证 100 指数
指数基金及代码	华夏上证 50ETF（代码：510050）、易方达上证 50（代码：110003）	华泰柏瑞沪深 300 指数基金（代码：510300）、天弘沪深 300A（代码：000961）	南方中证 500ETF（代码：510500）、天弘中证 500A（代码：000962）	南方中证 100 指数（代码：202211）、长盛中证 100 指数（代码：519100）

数据来源：各大基金公司公开资料。

如果综合指数体现全班整体成绩，成分股指数体现某个属相同学的整体水平，那么板块指数则代表全班单科成绩的水平。

物以类聚，人以群分。将同一行业的个股按照不同权重编制成相关指数，反映整个行业股价的整体变动情况，就是行业板块指数。

为什么要在综合指数和成分股指数之外单列行业板块指数？

在不同的时期，每个行业的发展机会大不相同，有的处于成长期，有的处于衰落期。即便在同一时期，不仅不同行业所处的生命周期不同，各自面临的政策支持程度也不一样，那些处于成长期、受到政策支持的行业机会更大，是投资首选；相反的行业则会受到束缚、限制，投资机会更小。因此，投资必须区分行业。

招商证券官方网站显示，行业板块主要有银行、保险、证券、房地产、信息、军工、医药、传媒娱乐等 56 个行业板块指数。中证指数公司官网划分的行业板块指数更加细致，共有 202 个行业板块指数。

无论是 56 个还是 202 个行业板块指数，这些指数并非全都有对应的指数基金，这里说几个较常见的供大家参考，例如医药 ETF（代码：159929）、金融 ETF（代码：159931）、广发医药（代码：159938）、申万菱信中证军工指数分级（代码：163115）等产品就没有对应的指数基金。

按照主动性划分

按照主动性划分，有主动型指数基金和被动型指数基金。

主动型指数基金又称为增强型指数基金，与一般指数基金不同的是，主动型指数基金在跟踪对应指数的同时，还会运用各种策略，希望取得超过标的指数的收益率水平。取得超额收益是投资人的目标，但并不意味着基金经理可以为所欲为，他们必须在跟踪标的指数的同时，严格控制偏差，灵活运用各种策略，最终达到跟踪指数、取得超额收益的目标。

景顺长城沪深 300 指数增强（代码：000311）就是对沪深300 指数进行量化增强的指数基金，海富通创业板增强 C（代码：005287）就是跟踪创业板综合指数的主动型指数基金。

与主动型基金对应的是被动型指数基金，它们的不同是不发挥主观能动性，完全跟随指数，希望取得市场平均水平的收益率。

1950 年，美国斯坦福大学的尤金·法玛教授在《美国经济评论》上撰文，提出了"有效市场假说"。法玛是当代金融学奠基人，在这篇文章所提出的"有效市场假说"则是当代金融大厦的根基。

"有效市场假说"简单说就是市场价格可以反映一切信息，所有知道的、不知道的、已经发生的、将要发生的，都反映到一点——价格！价格反映一切信息，是股票市场分析的基础和前提。

根据"有效市场假说"，任何试图取得超额收益的行为都是徒劳的，任何人希望通过获得更多信息、运用各种策略取得额外的收益都是不可能的，所以投资者努力的边际市场价值为零。投资者只能选择以消极保守的态度跟踪指数，取得市场平均收益水平。

市场无法战胜是"有效市场假说"的核心思想，在这一理论的指导下，就有了被动型指数基金。与主动型指数基金试图取得超过指数的收益不同，被动型指数基金则完全复制指数，不主动寻求超越指数的业绩表现。

法玛因"有效市场假说"获得 2013 年诺贝尔经济学奖，也被冠以"现代金融之父"的头衔。

然而，法玛在全球金融界顶尖的圈层并非无敌，反对他的声音也很强烈，反对者同样获得了诺贝尔经济学奖的殊荣。

2017 年，美国经济学家理查德·塞勒因在行为金融学领域提出了"输者赢者效应"而获诺贝尔经济学奖。所谓"行为金融学"从基础上否定了当代经济学的根基性假设"理性人"，证据之一就是资本市场上投资者的非理性。

关于这个问题，塞勒提出：投资者总是根据过去的经验对未来进行预判，对于历史上接连出现坏消息和好消息的公司，投资者总是过度评价，导致两种类型公司的股价偏离其基本价值，市场会对这种情况进行自我修正，低估的坏消息公司股价会上涨，投资者获得正的超额收益；高估的好消息公司股价会下跌，投资者获得超额负收益。

根据塞勒的研究成果，股票投资收益可以被锁定，只要买入过去三五年被过分悲观判断的公司、卖出过去三五年被过分乐观评判的公司，就可以形成一个套利组合，获得超额收益。

根据塞勒的理论进行投资，构建投资组合，其实已经属于主动管理了。法玛和塞勒对股票市场的观点截然相反，一个是被动管理，一个是主动管理，但他们都获得了诺贝尔经济学奖，投资者应该相信谁？

瑞典皇家科学院对两种矛盾理论同获诺贝尔奖给出了解释：几乎没什么方法能准确预测未来几天或几周股市、债市的走向，但可以通过研究对三年以上的价格进行预测……这些看起来令人惊讶且矛盾的发现，正是诺奖得主分析做出的工作。

法玛自己也曾说过："有效市场假说"只是一个模型，因此并不是完全真实的。事实上，没有哪种模型是完全准确的，它们只是近似于我们的真实世界。

至于哪种方法更好，其实没有标准答案。有人确实可以战胜市场，但不是所有人都能战胜市场，甚至相当一部分专业人士也不能战胜市场。于是，战胜市场的人可以被视为偶然，从而结论无法证伪。

两种方法的根本分歧在于是否认同"有效市场假说"。认同，则市场存在错误定价，通过主动管理取得超额收益；不认同，只能取得市场平均收益水平。主动型基金和被动型基金存在的理论基础不同，必然导致投资方法的差异。而市场是否有效，几乎没人能说得清楚。

牛市来临，指数基金必先涨

所谓兵马未动粮草先行，在一切重大事件发生之前，一定有一些蛛丝马迹能透露出重大事件即将到来。

春江水暖鸭先知。同样的道理也可以用在指数基金的投资中。当牛市来临时，市场中一定有像水中游泳的鸭子一样先知先觉的标的。

在资本市场中，时间就是金钱。把握住这个先行指标，抓住牛市启动的先行信号，就能够在第一时间搭上指数起飞的列车，赚取牛市的第一桶金。

根据历史走势和经验，在资本市场中，券商板块一般是感受"春江水暖"的先行指标，是牛市的信使。相反，券商板块的见顶回落，也是市场由牛市转向熊市的警示灯。

在投资前，先介绍一下券商板块，帮助投资者找到投资的正确方向。

在招商证券的通达信软件中，关于证券的指数有两个，一个是证券（代码：880472），一个是证券公司（代码：399975）。这两个指数有什么异同？在投资时，究竟应该选择哪个作为参考呢？

首先，从名字上看，这两个指数都与券商类股票密切相关。从普通投资者的角度看，它们就像孙悟空和六耳猕猴，很难区别出异同。

其次，从这两个指数所包含的成分股列表看，证券公司（代码：399975）包含 41 只个股，证券（代码：880472）的成分股里包含 43 只个股，与证券公司相比多了红塔证券、哈投股份、东方财富，没有证券公司中包含的越秀金控。从以上分析可以看出，这两个指数的成分股略微有些区别。

最重要的一点是，发布主体不同。证券公司由中证指数公司编制公布，是反映该行业股票的整体表现的三级行业指数，全称中证全指证券公司指数，基日是 2007 年 6 月 30 日，基点是 1 000 点。证券指数是通达信软件公司公布的代表证券行业整体表现的指数。

中证指数公司 2005 年 8 月由沪深证券交易所共同出资成立，是中国规模最大、产品最多、服务最全、最具市场影响力的金融市场指数提供商。中证指数公司编制、发布的指数被国内外众多投资机构参考、使用，在国内外的影响力首屈一指。而通达信软件公司则是一家为用户提供证券分析系统和计算机通信系统的研发类科技企业。

虽然两家都是公司，但两家公司的实力和影响力却有天壤之别。作为投资者，我们应该以影响力更大、公信力更强的中证指数公司发布的证券公司作为投资参考。作为指数基金投资者，应该选择跟踪证券公司的相关指数基金投资。

证券公司真的是牛市启动的先行指标吗？历史真实的走势最具说服力，以证券公司走势与沪深 300（代码：399300）走势为例。

证券公司（代码：399975）与沪深 300 指数的走势高度相关，并且具有先知先觉的"预测功能"。

2007 年 7 月 18 日证券公司指数与沪深 300 同时见顶，但随后证券公司指数在日线图上又走出了一个探顶回落的走势，比 2008

年 1 月中旬的二次回抽早 4 个月。

2008 年暴跌后，4 万亿元的刺激计划出台，指数大幅反弹，证券公司指数几乎与沪深 300 指数同时见顶并走出了一波强势反弹。2009 年 8 月初，证券公司指数先于沪深 300 出现顶部特征。

在 2014—2015 年的牛市和 2015 年的股灾期间，证券公司指数更是成为行情的风向标，在 2014 年 7 月率先见底反弹，带领指数结束了长达 7 年的熊市。到了 2015 年 4 月，证券公司指数在 180 多个交易日里涨幅高达 240%，同期上证指数的涨幅只有 140%。证券公司指数不仅涨得多、涨得快，而且先于上证指数约 2 个月见顶。2015 年 6 月市场由牛转熊，指数出现暴跌，在此之前的两个月，证券公司指数已经见顶并开始回落。

这样的情况并不是个例，在 2018 年的熊市中，证券公司在当年 10 月 19 日见底并率先反弹，而上证指数直到 2019 年 1 月 4 日才开始反弹，其间证券指数的表现也要优于上证指数和沪深 300。

为什么牛市证券板块会先涨，也能够预测顶部呢？这还要从证券公司的收入来源和市场逻辑说起。

证券公司的利润一部分来源于佣金，即客户交易总额的一定比例。市场行情与券商的佣金收入成正比，如果市场火爆，则交易活跃，证券公司的营收和净利润就会增加；如果市场冷清，证券公司的营收和净利润就会降低。

另外，市场回暖时，会吸引大量的增量资金，融资融券余额也会大幅提升。同时，股指期货的交易量也会同步提升，证券公司是融资融券股指期货的最大受益者。

所以，当市场由熊市转为牛市的时候，证券市场的交易量开始止跌反弹，慢慢回升。此时，证券公司的业绩能够最先反映这种变化，投资者会对证券公司的业绩有增长的预期，进而抢购筹码。以上这些，表现在股价上就是先于指数止跌反弹，成为引领牛市第一波上涨的先锋军。

证券公司指数的 β 系数一般大于 1，当市场回暖时，爆发力更强、涨幅更大；当市场下跌时，跌得也更多、更快。

证券板块的走势具有反身性：市场回暖→证券类股票价格上涨→证券公司业绩提升→证券类股票及相关指数继续上涨。这样的逻辑是每位股民必须知道的常识。

从历史走势可以看到，证券公司指数是牛市的冲锋号，牛市一旦来临，它必定先涨。知道了这个结论，我们就可以密切关注相关指数基金，在牛市启动前赚取一部分利润。

目前市面上有哪些证券行业的指数基金呢？表 4-2 罗列了部分相关产品的情况，供大家参考。

除了这些专门的证券指数基金，还有一些证券保险基金，也包含证券类股票，投资这类基金，也相当于投资了证券行业。这些基金主要包括鹏华证券保险分级、天弘中证保险、博时中证 800 证券保险。

表4-2 部分证券指数基金

基金简称	基金代码
证券 ETF	512880
券商 ETF	512000
证券基金	512900
申万证券	163113
券商分级	161720
证券分级	161027
证券 B	150072
证券 A	150071
融通证券	161029
证券分级	502010
华宝券商 ETF 联接 A	006098

数据来源：根据公开资料整理。

指数基金如何穿越牛市与熊市？

无论关于吃穿住行还是生老病死的消费，都是人类最基本的需求，因此这类上市公司的业绩一般比较稳定，具有穿越牛熊周期的力量。

消费、投资和出口是拉动经济的三驾马车。众所周知，在对经济增长的贡献上，必须以内需为主，而消费又是内需的顶梁柱。

因此，说消费是拉动经济增长的三驾马车之首毫不为过。

经济形势较好时，人们收入增加，因此会增加消费倾向；经济形势较差时，必要的消费支出也不会减少，而且在经济下行周期中，宏观政策层面一般会出台减税、刺激消费的一系列措施，鼓励、刺激消费。可以说，与周期性行业相比，消费类企业的收入更稳定、波动性更小。

可以肯定地说，食品饮料行业和医药医疗行业的增长旱涝保收，有能力跨越牛市与熊市。

无论吃穿住行代表的消费，还是生老病死代表的医药医疗需求，都可以在资本市场找到对应的板块。对于吃穿住行而言，最具代表性的板块是消费板块，生老病死最具有代表性的板块是医药医疗板块。抓住这两个板块，指数基金投资者也可以享受穿越牛市与熊市的福利。

在投资之前，需要了解这两个行业具有的特征。

需求稳定

无论是消费还是医疗，刚性需求程度都更加强烈。经济形势总会有起伏变化，任何行业都会受影响，但相对其他需求，人们在吃穿住行、生老病死上的花费不会因此产生巨大波动。

消费、享受服务习惯一旦养成，就很难改变，而且在棘轮效应下，消费习惯呈现出从低到高不断升级的状态，这种状态很难逆向倒退，这就是所谓的"由俭入奢易，由奢入俭难"。消费和消费升级将缔造更为广阔的市场。

按照《经济学人》的预测，2020 年我国中产阶层的人口将超过 4.7 亿。届时，中产阶层的收入和消费支出必将大幅增长，中产及富裕阶层将成为消费主力。人口和收入是影响消费和医疗支出的重要因素，中产阶层人数跃升必将带来消费观念的转变，这将成为推动消费、服务升级的重要动力。

未来，消费升级的巨大市场必将波澜壮阔。食品饮料、医药医疗行业的市场，必将在这场升级中再次爆发强大的力量。

此外，在相对稳定的需求下，消费行业、医疗医药行业的成本、利润率相对稳定。因此，有人说这几个板块是防御性板块，不会受经济波动的影响。

利润率高，再投资需求小

消费行业的龙头上市公司的净资产收益率常年保持在 15% 以上。可口可乐公司和卡夫亨氏的净资产收益率高达 30%。

A 股相关的龙头个股的净资产收益率同样表现不俗，如贵州茅台、恒瑞医药的股票堪比黄金，伊利股份、桃李面包、云南白药等的净资产收益率同样优于其他上市公司。

图 4-1 清晰地显示了消费行业、医药行业与上证指数净资产
收益率的关系。2010 年 4 月以后净资产收益率基本维持在 14% 以
上，超过同期上证指数净资产收益率水平。2015 年 7 月以后，受
经济环境的影响，上证指数的净资产收益率逐渐下降，但中证消
费的净资产收益率仍能保持高速增长的状态。

中证医药指数的净资产收益率没有中证消费高，这更加凸显
了消费行业盈利能力的强大。中证医药指数的净资产收益率区间
值为 10%~20%，它与上证指数的净资产收益率呈正相关，随市场
平均水平的变化而变化。从整体上看，中证医药的净资产收益率
并不比市场平均水平差。

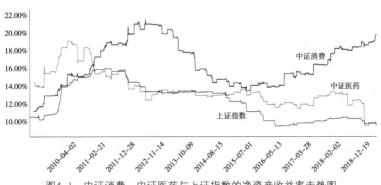

图4-1　中证消费、中证医药与上证指数的净资产收益率走势图
（2009年7月底—2018年12月）①

_____

① 　数据来源：https：//guorn.com/。

这里是牛股集中营

成熟的食品饮料公司、医药医疗公司一旦形成自己的品牌和服务，就会在消费者心中产生一定的认可度，产品和服务具有一定的稀缺性和垄断性。

白酒、调味品、中医药是 A 股独有的投资标的，能够享受一定的品牌溢价，即便在经济萧条的熊市中，也会有不俗的表现。

食品饮料行业、医药医疗行业在国外资本市场表现同样非同凡响。20 世纪 90 年代初，日本经济陷入大萧条，经历了"失去的二十年"。从 1992 年到 2012 年，日经 225 指数下跌了 25.6%，而同期医药指数涨幅超过 90%。1989 年至 2014 年，美国的标普医疗保健指数涨幅也是标普指数的一倍多。

食品饮料行业、医药医疗行业向来是牛股的集中营，要知道无论是巴菲特投资的喜事糖果、可口可乐、卡夫亨氏食品公司，还是国内的贵州茅台、五粮液、云南白药、恒瑞医药等，都能成为穿越牛市与熊市的标的。

牛股堆积如山，最终的结果是带动食品饮料和医药医疗板块指数强势走高。即便在熊市中，这些板块也有不俗的表现。

在食品饮料（代码：000807）指数中，白酒类上市公司的权重在 60% 左右。一般权重超过 50% 就会对整体产生绝对的影响，因此白酒类上市公司的走势在某种程度上可以替代食品饮料指数的走势。

在过去近30年的时间里，医药医疗行业一直处在最好的赛道。2000年至2019年6月，申万医药生物指数累计涨幅达到592%，高居所有行业前三。①

在长达15年的走势中，中证白酒、中证医疗指数的走势在大部分时间强于上证指数的走势，说明这两个指数明显强于市场平均水平。

了解完这些指数的特点，最后投资者需要知道有哪些相关指数基金可以投资。下面，我列举几个相关产品供大家参考。

跟踪中证消费指数的指数基金有汇添富中证主要消费ETF（代码：159928）、上投摩根中证消费服务指数（代码：370023）、国投瑞银中证消费服务指数（前端收费：161213、后端收费：161215）、富国中证消费50ETF（代码：515650）。

追踪食品饮料行业板块指数的指数基金有国泰国证食品饮料行业板块指数分级（代码：160222）、天弘中证食品饮料指数C（代码：001632）、天弘中证食品饮料A（代码：001631）、国泰国证食品饮料行业分级B（代码：150199）、国泰国证食品饮料行业分级A（代码：150198）。

白酒是食品饮料行业里重要的分支，市场中也有追踪白酒指

---

① 赵新江，《医药行业防守属性凸显》，《理财》，2019年第6期。

数的指数基金，例如招商中证白酒指数分级（代码：161725）、招商中证白酒指数分级 A（代码：150269）、招商中证白酒指数分级 B（代码：150270）。

中证医药（代码：000933）指数囊括 A 股所有医药行业上市公司，追踪这个指数的基金中，广发中证全指医药卫生 ETF（代码：159938）规模在 23.5 亿元左右，大小比较合适。

追踪医药 100（代码：000978）的指数基金中，国联安中证医药 100A（代码：000059）、天弘中证医药 100A（代码：001550）、天弘中证医药 100C（代码：001551）值得参考。截至 2019 年 9 月初，国联安中证医药 100A 的基金规模相对大一些；从业绩上看，国联安中证医药 100A 自成立以来取得了超过 20% 的正收益，而天弘中证医药 100A 的收益为负。

按照上面的思路举一反三，任何一个能满足十几亿人的大市场需求的产品和行业，必将在发展的过程中产生超越牛市与熊市、跑赢平均水平的结果。例如金融板块里的保险行业，在保险深度、保险密度未达到发达国家水平之前，一定大有可为。

关于保险行业具体的指数基金，投资者可以参考方正富邦保险主题指数分级（代码：167301）、方正富邦保险主题指数分级 B（代码：150330）、天弘中证保险 A（代码：001552）、天弘中证保险 C（代码：001553）。此外，还有鹏华、博时的证券保险指数基金也可选择。

并不是所有行业和指数都具有穿越牛市、熊市的强大力量，更多的板块会跟随牛市、熊市转换的变动呈现周期变动。

周期行业和板块有哪些，它们有哪些特别之处，相关的指数基金有哪些？

周期的力量

经济周期和资本市场指数运动都呈现一定的周期性。这些周期波动的力量，最终影响到我们的投资活动。投资指数基金，应该遵循周期的力量。

——科学家发现太阳黑子有 11.5 年的周期运动规律，如地球磁场、地震等自然灾害都会受其影响。自然环境周期性的变化，最终会影响农作物的产量。

历史数据统计结果显示，太阳黑子对气候的影响产生的生产周期变化趋势，与物价指数呈负相关。价格波动由供求决定，农业生产周期性的波动通过影响农作物产品和供求关系，最终影响物价指数，进而影响证券市场的波动。

——"人有悲欢离合，月有阴晴圆缺"。苏轼的《水调歌头·明月几时有》用文学的艺术形式表达了天体运行与人类情感的关系。

事实上的确如此，天体周期性的变化会影响人的情绪。在太阳、地球、月球不断变化形成的磁场下，人类的情感在强大的自然力量面前无意识地呈现悲欢离合的周期变化。

情感的变化会影响投资决策，而资本市场是人的集合，人类情感周期性的变化必然会影响资本市场价格的走势。

行为金融学称这种情感周期性的变化为群体非理性的"周期运动"，并以此为依据构建了一套金融理论体系。每位投资者都应该注意情感周期对投资的影响。

——经济周期是现代经济学的重要研究成果。"宏观经济学之父"凯恩斯在他的著作《就业、利息和货币通论》中曾提出，经济必然呈现向上、向下、再向上的周期运动，这种现象即经济周期。

凯恩斯将经济周期分为繁荣、恐慌、萧条、复苏四个阶段。经济繁荣和复苏时，股票指数价格必然回升并走向牛市；恐慌和萧条中，股票指数价格必然下跌并走向熊市。此后，经济学家又发现了行业生命周期理论、美林投资时钟理论，指导人们的经济活动和投资活动。

经济周期影响投资行为，更影响投资收益。在投资复苏和繁荣阶段，投资越多收益越高，投资收益随着投资比例的增加而增加；在萧条和恐慌阶段，投资的边际效率递减，投资收益下降。

经济周期的变动会影响牛市和熊市的产生、运行和消亡，指数基金投资者在长期的投资过程中，正确地把握经济周期，必将在指数定投中更上一层楼。

——股票指数周期性运动是资本市场的常态。在技术分析中，历史会重演是技术分析三大经典假设之一。价格波动形成万千图形，这些形态和走势总会在漫长的时间长河中不断出现，但不是简单地完全重复。

在这种周而复始的运动中，股票指数已经呈现出周期性运动：上涨与下跌、牛市与熊市。

牛市初期阶段，恐慌的气息还未在市场烟消云散。此时，指数基金定投的投资者已经收集了足够多的便宜筹码。当股票指数在争议中上涨时，越来越多的资金开始进入市场，此时指数基金投资者已经获利颇丰。赚钱效应引发市场的狂热，所有投资者都跃跃欲试，激情、热血、盈利成了市场的代名词，此时投资者赚得盆满钵满，已经逐步兑现利润。当资金枯竭时，牛市的上涨转为熊市的下跌，市场将血流成河，一轮牛市和熊市转换行情完成。

显而易见，日月星辰、人类情感、经济周期和资本市场指数周期都会影响投资者的投资行为。正如马克·吐温所说：历史不会重演细节，过程却会重复相似。做投资，你可以什么都不相信，但你必须相信周期。只要有人在，就有周期。①

既然承认周期，我们就要利用周期。投资者应该摒弃线性思维，

---

① ［美］霍华德·马克斯，《周期》，中信出版集团，2019 年 2 月。

承认经济和金融市场的周期性。周期能够创造或吞噬巨大财富，谁能认识周期、驾驭周期，就能在盈利的道路上掌握更多主动性。

美国投资大师、美国橡树资本管理有限公司创始人霍华德·马克斯在他的代表作《投资最重要的事》中认为，周期永远胜在最后，涉足资本市场的时间越长，越重视事物的基本周期对投资的影响。

投资指数基金，同样需要注意周期，接下来向各位投资者介绍一些周期性板块指数及对应的指数基金。在股票指数的划分中，按照行业的周期性划分，石油、煤炭、钢铁、船舶、工程机械等行业属于典型的周期性行业。

石油、煤炭、钢铁等大宗商品板块的周期性具有一定的共性，下面以石油板块为例说明大宗商品指数的周期情况和相关指数基金。

石油被称为"工业的血液"，各种商品的价格均受它的影响。有人研究石油工业 150 多年来的历史，最终发现石油价格呈周期性波动，每隔 17~18 年就会出现一次持续 10 年的牛市行情。[①]

掌握了石油价格波动的周期规律，我们就可以顺应规律，指导自己的投资行为。中证指数公司于 2013 年 7 月 15 日发布了中证全指石油与天然气指数（简称油气指数，代码：H30198），其十大权重股中与石油相关的个股及权重分别为中国石化

---

① 郭嘉沂、付晓芸，《百年油价史回溯 —— 商品背后的周期力量》，兴业研究，2018 年 5 月。

（15.48%）、中国石油（14.25%）、上海石化（8.42%）、洲际油气（4.43%）、广聚能源（2.35%），总权重达到44.93%。

与石油相关的基金有华安标普全球石油指数（代码：160416）、华宝标普油气上游股票（代码：162411）、南方原油A（代码：501018）、南方原油C（代码：006476）、嘉实原油（代码：160723）。

煤炭是与原油相关性极强的能源品类。与煤炭指数相关的指数基金主要有招商中证煤炭等权指数分级（代码：161724）、富国中证煤炭指数分级（代码：161032）、中融中证煤炭指数分级（代码：168204），以及它们对应的A类、B类分级指数基金。

石油、煤炭均为重要的能源资源。中证指数公司于2009年7月3日发布了中证能源指数，简称中证能源，中证能源指数不仅与石油有关，煤炭类个股也是其重要的成分股。中证能源指数的代码为000928（上海）/399928（深圳），跟踪的指数基金有汇添富中证能源ETF（代码：159930）。中证指数公司还发布了全指能源指数（代码：000986），跟踪的指数基金有全指能源（代码：199945）。

以上这些对于行业、公司的分析属于基本常识，不涉及任何专业的推理计算和行业研究。类似的逻辑还有很多。

例如，航运业受国际经济贸易形势影响较大，国际关系和谐、经济繁荣、贸易往来较多，那么航运业就会受益，一旦经济形势低迷或者国际关系紧张，进出口贸易就会受到影响，进而影响航运业上市公司的营收状况。

　　航天军工业的订单主要来自国防和政府，需求方一旦压缩国防开支，相关上市公司的业绩就会受到影响。如果爆发动乱，甚至发生战争，军备的需要将呈现指数级增长，军工类上市公司的股价表现也会更好。

　　此外，有色金属、化工、水泥、电力等行业都属于周期性行业，中证指数公司也都发布了相应的指数，各大基金公司也有相应的指数基金产品。由于产品较多，大家可以通过交易软件或者相关工具查询。

第 5 章

指数基金中的
"最"产品

指数跟踪哪家强？

指数基金就是跟踪、复制指数的基金，指数包含哪些个股、各自占怎样的权重都是公开的信息，既然指数基金是跟踪、复制指数，为什么要把钱交给基金经理，自己复制不行吗？

这听起来简单，但在实际操作中普通人根本不可能完成这个任务，即使有足够的资金，跟踪、复制指数仍旧非常困难。

由于市场波动、个股除息除权、停牌等因素的影响，指数基金与指数之间的走势总会存在或多或少的偏差，如何运用投资策略及时地配置组合标的及其权重，将跟踪误差控制在一定范围内，是考察基金经理能力、考察一只基金优劣的关键。一旦误差太大，就失去了指数基金的意义，投资者随时可能弃它而去。

一般来说，衡量指数基金是否达标的评判标准有两个，一个是跟踪误差，一个是跟踪偏离度。前者是衡量每日跟踪偏差的指标，后者是衡量一段时间内累计偏差的指标。通常，跟踪误差更为人关注。

跟踪能力是衡量指数基金优劣的一项重要指标，专业的名词叫拟合优度。拟合优度越高，说明跟踪能力越好。跟踪能力好的评判标准，不仅包括跟踪上涨的能力，也包括跟踪下跌的能力。

只有跟踪能力强的指数基金，才能达成复制指数的目标。

指数基金的管理过程其实就是跟踪偏差的管理过程。那么，在所有类别的指数基金中，哪类跟踪误差最小、跟踪能力最强呢？

答案是交易型开放式指数基金，简称 ETF。ETF 的跟踪能力最强，主要体现在以下几个方面。

投资策略

兵马未动，粮草先行。

投资者的"粮草"就是眼睛，投资前一定要看清每只基金的策略。对于任何一只基金，跟踪能力在基金介绍里都有详细的策略说明。

ETF 较其他类型的指数基金，会执行更加严格的跟踪策略。前面提到的天弘沪深 300 指数 A（代码：000961）的简介中就有这样的描述：本基金目标是采用完全复制法实现对标的指数紧密跟踪的全被动指数基金。

　　为了达到这个目标，基金投资策略说明里还有这样的规定：本基金可以对投资组合管理进行适当变通和调整，力求降低跟踪误差。在正常的市场情况下，力争控制本基金的份额净值与业绩比较基准的收益率日均跟踪偏离度的绝对值不超过 0.35%，年跟踪误差不超过 4%。

　　每天的跟踪误差只允许有 0.35%，年跟踪误差不能超过 4%，对于每天振幅最少 1% 以上、每年波动十几、几十个百分点的指数来说，投资策略控制非常严格。

　　在基金说明中，中金中证 500A（代码：003016）的说明是：力争使日均跟踪偏离度的绝对值不超过 0.5%，年化跟踪误差不超过 8%。博时中证 500 指数增强 C（代码：005795）根本没有写出具体误差范围，只有这样一句：通过控制对各成分股在标的指数中权重的偏离，实现跟踪误差控制目标，达到对标的指数的跟踪目标。

　　对比投资策略看，ETF 产品的投资策略更加严格，跟踪能力明显强于其他类型的指数基金。

价格机制

　　ETF 可以像股票一样在交易所挂牌交易，与开放式基金一天只有一次交易机会相比，ETF 采取连续竞价机制，由电脑系统自动撮合，判断买卖双方能否达成交易的条件，最大限度地促成交易，投资者有更多交易机会。

这种价格机制对于买卖双方来说竞争更加充分，价格变动更加灵活、便捷，透明度也更高。正是有了充分的竞争，ETF 产品的净值与市价很少出现像开放式基金一样的折价或者溢价情况。

指数总是处在波动中，遇到像 2015 年股灾这样极端走势的情况，一天的振幅可能达到 10% 以上。即便有如此大的涨跌幅，跟踪沪深 300 的开放式指数基金的投资者也只能按照最后的收盘价赎回，投资者不能从振幅中受益。

在连续竞价机制下，交易所系统每 15 秒更新一次 ETF 的净值，及时反映基金净值的变化。遇到股灾那样大的振幅，投资者完全可以在第一时间买入或者卖出，达到获利或者避险的目的。

独特的套利机制

ETF 产品完全复制相应指数，一份基金份额中包含一揽子股票，它可以在交易所上市交易，作为一种特殊的开放式基金，也可以直接申购或者赎回。如此，在一级市场和二级市场之间，ETF 的市场价格与基金净值之间经常出现价格差异。

一旦出现价格差异，就可以在一价定律 ① 下通过对基金份额和一揽子股票的买卖，买入价低而卖出价高，无风险赚取中间差价。

套利机制的存在，让 ETF 产品的净值和市价的折价、溢价空间非常小，基金能够更好地拟合相应指数。

要注意，ETF 的套利很复杂，它对资本要求非常高，一般百万元才算勉强达到门槛。普通人很难通过 ETF 的套利机制盈利，但这个机制保证了 ETF 强大的跟踪指数的能力。

以上三点让 ETF 产品在所有基金中拥有最强的跟踪能力。除此之外，它还有做空机制、T+0 交易机制。

除了股票外，大多数投资者不知道部分 ETF 指数也是融资融券标的。没有做空机制时，投资者一旦遇到风险，只能通过减仓或者空仓的方式规避。2011 年 12 月底，7 只 ETF 产品成为融资融券标的，投资者可以在不降低原有持仓的情况下融券控制风险。

具有 T+0 交易功能的 ETF 产品很少，活跃度也不高，并不适合大多数投资者参与。

表 5–1 罗列了部分 ETF 产品供大家参考，最终选择需要使用

---

① 一价定律（the law of one price）是绝对购买力平价理论的一种表现形式，它是由货币学派的代表人物弗里德曼（1953）提出的。一价定律可简单地表述为：当贸易开放且交易费用为零时，同样的货物无论在何地销售，用同一货币来表示的货物价格都相同。这揭示了国内商品价格和汇率之间的一个基本联系。

前面讲到的判断标准自行斟酌决定（重要提示：投资有风险，盈亏需自负）。

表5-1　部分ETF产品

基金代码	基金简称
159901	深100ETF
159902	中小板
159907	中小板300
510050	50ETF
159919	300ETF
159949	创业板50
159965	央视50
510300	300ETF
510180	180ETF
159922	500ETF

鸡蛋是怎样不在一个篮子里的？

投资，不能把鸡蛋放在一个篮子里。问题是普通人的鸡蛋不多，放到一个篮子里都似乎盖不住底。

此时，该怎么办？

与单个股票相比，指数基金最大的特点就是能分散非系统性风险，将个股财务造假、业绩经营、投资失败、董事变动等因素造成的风险分散到最低。

令人遗憾的是，指数基金已经分散了非系统性风险，但每位基金经理和团队的水平参差不齐，跟踪同一指数的不同 ETF 产品，跟踪误差和最终业绩会有一定的差距，有时甚至是天壤之别。

截至 2019 年 8 月 1 日收盘，天天基金网的数据显示，中金中证 500C（代码：003578）过去两年的投资收益是 −5.76%，招商中证 500 指数 C（代码：004193）过去两年的业绩却是 −19.38%。同样是跟踪中证 500（代码：399905）指数，两者的收益却相去甚远。

对于普通投资者而言，辨别指数基金的跟踪能力、评判指数基金的优劣不是一件容易的事。

这里介绍另一种基金：FOF。FOF 又称基金中的基金，它的主要投资标的不是基础的股票类、债券类金融资产，而是其他基金。FOF 结合其他基金进行创新，是一种新的适合长期投资的基金品种，是所有基金中分散非系统性风险能力最强的基金产品。

FOF 的分散能力，主要体现在以下四个方面。

具有二次筛选的功能

股票指数基金有几百种，未来还可能达到上千种，投资者到底应该选择哪一个？最有可能的做法是这个买一点儿，那个买一点儿。不过，这样做将导致交易成本上升、管理难度加大。

基金投资于不同资产种类、标的基金已经分散了非系统性风险，而 FOF 是投资基金中的基金，投资者买了 FOF 产品，相当于买了"一篮子基金"。

基金经理对不同的基金从专业角度对跟踪情况、风险情况、收益情况、基金管理人的能力和基金公司等因素进行了筛选和比较，投资者不需要再为选择的问题而苦恼。

具有二次分散风险的功能

基金已经对非系统性风险进行了有效分散，FOF 产品是在此基础上，再次利用基金产品构建投资组合，实际上对非系统性风险进行了二次分散，进一步降低了投资风险。

如果说投资基金是把鸡蛋放在不同篮子里，那么投资 FOF 产品就是把不同篮子放在不同的运输车辆中，一旦出现任何风险，鸡蛋损失的概率将进一步降低。

跟踪能力更强

由于各种因素的影响，每只指数基金的跟踪能力必然不同，如何将跟踪偏差降到最小呢？

有研究发现，用 ETF 产品构建组合、复制指数的方法优点很突出，ETF 产品组合的跟踪误差比单只 ETF 产品更小，因此，

ETF 组合的跟踪效果更好,更能适应市场行情的变化。[①]

从手续费角度看,这种方法跟踪指数的成本更低;从操作便捷性上看,ETF 组合包含的基金数量远远小于利用成分股复制指数的数量,操作更加方便。

ETF 组合是什么?最佳选择非 FOF 莫属!

投资范围跨越全球,能分散局部地区的个别风险

传统的基金产品只能覆盖单一国家资产,而创新的 FOF 产品扩展了配置资产的国别,可以满足投资者跨国资产配置、财富管理的要求,从更大范围上分散投资单一国家、地区资产的风险。

FOF 投资全球,是通过投资指数化产品实现的。FOF 产品的跨越性、扩展性非常强,能够快速布局、对接全球资产,打破资产配置的空间和数量限制。

无论投资 ETF 产品还是投资 FOF 产品,最终的目的都不是跟踪指数或者持有基金份额,盈利才是每位投资者最关心的问题。在赚取收益的过程中,ETF 产品并不是持有时间越长越好,标的资产会因为停牌、拆送股、分红等原因发生变化,这只 ETF 产品可能不再适合作为组合标的,此时需要赎回或者转换成其他基金

---

① 许悦,《沪深 300 股指复制策略研究》,南京大学,2015 年 4 月 15 日。

产品。

此外，包括 FOF 产品在内的任何资产配置，都需要根据客户需求和现实情况调整投资策略和目标。每位投资者都不是专家，不如配置一些 FOF 产品，把钱交给专家，让他们替投资者操作。

FOF 通过投资基金，二次分散了风险，但它只能分散非系统性风险，对于整个金融市场造成冲击的政策风险、流动性风险、灾害等系统性风险，包括 FOF、ETF 在内的所有金融产品都无法避免。

与传统基金相比，FOF 的投资门槛相对较高。普通的公募基金几乎没有门槛，最低 0.1 元起，基金定投起点为 10~100 元，而公募 FOF 的起点一般为 100 元，券商系起投金额为 10 万元，私募系 FOF 的起点为 100 万元。

FOF 的投资标的是基金，基金在成立、运作时已经交了一部分认购、申购、赎回、管理和托管费用，在 FOF 投资其他基金时，同样需要支付申购费、赎回费、管理费和托管费，因此投资 FOF 产品存在一个"二次收费"的现象，费用相对较高。

整体而言，FOF 在国内还是比较新的投资产品。2006 年我国才有首只 FOF 产品。2016 年，证监会才在官网发布了关于基金中的基金的指引。

截至 2019 年 8 月 3 日，通达信客户端显示，公募 FOF 产品也只有 77 只，与国际发达市场相比，仍有较大差距。美国在

2015 年年底已经有 9200 只 FOF 产品,总资产规模达到 15 651.96（十亿）美元。

目前南方、嘉实、华夏、广发、汇添富等基金公司都有 FOF 产品,未来 FOF 在国内市场一定大有可为,为国内的投资者带来红利。

一遇牛市可翻倍

善于指挥战争的人,总是能够用"势",不论是静止的木头还是石头,在他们手里都能发挥巨大作用。在金融市场中,道理也是一样的,市场中的"势",就是明辨牛市和熊市。

牛市一旦来临,不论是白马股、垃圾股,大盘股、中小盘股,也不论是哪个行业、哪个产业,都会不分好坏地齐刷刷上涨。

即使散户选股能力差、择时能力差也没关系,只要牛市来临,买入并持有股票,都将可能赚取最大的利润。

当然,这只是最正常的思路和玩法。几年等一次的牛市,如果只是按照普罗大众的思维,又怎么能快速积累财富?

有一个办法就是加杠杆（请注意,我们说的是牛市中加杠杆,不是随时都可以加杠杆）。加杠杆并不意味着投资者一定要拆借资金,还有其他方法。

杠杆投资简单地说就是以小博大,假设你有 1 万元,用 9 倍的杠杆融资 9 万元，总共 10 万元投资股市，如果你有幸买到一个涨停板，一天就赚 1 万元，针对本金来说是 100% 的利润率。

不要以为加杠杆就一定是件坏事，在恰当的时机加杠杆，以小博大，能够快速积累财富，实现人生的小目标。

杠杆其实只是一种工具，本身无所谓利弊。过去三四十年，只要你买了房，大多数人都加了杠杆，最终搭上了房地产快速发展的列车，个人和家庭财富总值迅速增长。

在房地产市场，除了房价上涨带来的财富，最大的财富其实源于房地产的杠杆。大家都知道买商品房可以贷款，贷款就是房地产的杠杆。

房地产贷款，按三成首付计算，也就是说杠杆是 1:3，假设房价每年增长 10%，那么每年的投资收益就是 33%。

如果仅仅是追求资本收益，贷款买房绝对是收益超高。有什么投资能达到每年 33% 的收益率？哪怕按 1:1 融资，房价每年只上涨 5%，本金收益率也是 10%。

杠杆用得好，一切皆有可能。特别是在牛市来临时，一定要加杠杆，而牛市结束前一定要卸掉杠杆全身而退。

资本市场也有带杠杆的金融产品。股指期货自带杠杆，合约保证金比例一般为 12%，自带 8 倍杠杆。股指期货属于期货产品，杠杆高、风险大，不是一般投资者随便能玩的。

融资融券又称保证金交易，从名字中就知道自带杠杆，一般融资比例为 1:1，融券比例根据股票标的不同，一般为 1 比 0.35~0.6。融资融券需要支付一定的成本，融资买入证券需要支付利息费用，融券卖出证券需要支付融券费用。

无论股指期货还是融资融券，都有 50 万元开户门槛的限制，对投资经验、风险投资偏好、收入与财产状况都有一定的要求。

在牛市来临时，大部分中小散户、普通投资者怎样才能利用产品本身加大杠杆投资，最大限度地分享牛市的红利呢？

分级基金

所谓分级基金，简单地说，是将一个组合的收益和净资产分解成两个或者多个风险收益差异化的基金产品。

打个简单的比方。有一位母亲有一笔资产，自己留一半，将另一半分配给两个儿子 A 和 B，让他们去投资。儿子 A 生性踏实，一步一个脚印，喜欢稳健投资，厌恶任何风险；儿子 B 生性活泼，敢闯敢拼，愿意在承担一定风险的基础上获得高额收益。

于是儿子 A 将自己的钱借给兄弟 B，双方约定：B 盈利或者亏损到一定比例，或者达到一定期限，就要还本付息。B 利用借来的钱努力赚取高额收益，首先最大限度地偿还 A 的本金和支付固定收益，除此之外，B 享受剩余收益分配，并承担全部风险。

我们说，母亲的财产叫母基金，儿子 A 的财产为 A 类份额，股票型基金的名称后面都会带字母 A；儿子 B 的财产为 B 类份额，股票型基金的名称后面都会带字母 B。通常情况下，母亲分配给两个儿子财产的比例为 4∶6 或者 5∶5。如果将资产全部投资股票指数，称为分级指数基金，份额杠杆一般为 1.67 ~ 2 倍。

分级指数基金自带杠杆，一旦牛市来临，一定要买入 B 类份额，它会以指数 1.67~2 倍的速度上涨。只要抓住指数上涨的机会，账户"钱途"不可限量。

2014 年股指由熊市转牛市，基金表现出众，股票型基金平均涨幅达到 28.88%，26 只股票型基金涨幅超过 50%，但与自带杠杆的分级基金相比却逊色很多，B 类分级基金的表现更为抢眼。

截至 2013 年 12 月 31 日，有 10 只 B 类分级基金涨幅翻倍，证券 B 的表现最惊艳，多次向上折算，价格多次翻番，如果将价格前复权，涨幅超过 28 倍。在 2015 年股指爆发时，多只 B 类分级基金甚至出现过连续涨停的走势。

截至 2019 年 8 月 3 日，招商证券客户端数据统计显示，B 类分级基金的表现同样不俗，1000B（代码：150264）、沪深 300B（代码：150052）的涨幅在 250% 左右，53 只基金产品涨幅在 50% 以上，涨幅超过 50% 的概率远远超过 A 股和基金平均水平。

投资必然有风险，在危机来临时及时规避，亏损就能比别人少，但当机会来临时，要敢于放手一搏，才能比别人赚得更多。

只有亏得少赚得多，才能取得超额收益。

那么，应该如何投资分级基金呢？

牛市盈利的放大器

分级基金自带杠杆，这就是我们说的，加杠杆不一定非要借钱。因为分级基金在牛市中能够放大盈利。

自带杠杆，并不意味着利润唾手可得，还可能损失加倍。进入投资市场，大家只希望收益翻番，没有人希望自己损失加倍。要想赚钱或者说降低损失概率，必须了解分级基金的盈利策略。

首先确定一件事，A 类基金和 B 类基金的风险、收益特别不同，它们分别适合不同的投资者：风险厌恶型投资者较适合投资 A 类基金，风险偏好型投资者适合投资 B 类基金。

A 类基金的收益相对固定，一般只能获得最基本的收益保证，风险小，适合风险承受力低的投资者参与。B 类基金要优先满足 A 类基金的本金和收益要求，在牛市时，可以获得超额收益；在熊市时，要支付 A 类基金的本金和收益，所以 B 类基金损失也会比较惨重。因此，B 类基金的风险和收益都很高，更适合风险偏好型投资者。

任何一项投资产品的盈利思路无非就是如何平衡风险和收益之间的关系。对于分级基金来说，它最大的特色是杠杆，通过对杠杆比例的研究，能够清晰地了解 A 类基金和 B 类基金的风险、收益特征。

A 类基金的收益一般比较确定，可以事前约定，一般为一定年定期存款利率加上一定的固定利率或加上一定的浮动利差。

A 类基金的收益不但固定，而且收益超过一年期银行存款利率，对于厌恶风险的投资者来说，则是投资佳品。不过要提醒大家，虽然它的收益固定，利率也相对较高，但并不意味着百分之百无风险。

B 类基金的风险和收益都很高，那么，B 类基金的获利策略又有哪些呢？

第一种策略，价格投机

直接在二级市场买卖 B 类基金，赚取投资收益。在二级市场，B 类基金的买卖流程和普通 A 股没有任何区别，直接输入代码、数量等要素即可买卖。

投资者一般能在短时间内预判市场方向，并通过买卖价差取得收益。B 类基金具有低成本、高杠杆的特点，能够放大收益，是牛市中投资者必选的品种。

B 类基金受股票市场行情的影响非常大，而且在杠杆的作用下被成倍放大。市场行情好的时候，B 类基金净值上涨，并且涨速更快；市场下跌时，B 类基金净值跟随下降，并且跌得也更快。

无论牛市还是熊市，B 类基金都有助涨助跌的特征，因此在直接投资时，一定要特别注意市场冷暖情况。在股市回暖上升时买入 B 类基金，在爆发上涨后要及时获利了结，避免折价调整；市场调整时，要及时止损出局，避免更大的损失。

这种策略本质上属于价格投机，市场情况是投资成本的关键因素。

第二种策略，套利交易

除了投机盈利，还可以通过套利盈利。

如何通过分级基金套利盈利？还是用之前的例子进行说明。

母亲将一半资产分给儿子 A 和儿子 B，风格稳健的儿子 A 将钱借给儿子 B，B 承担风险、享受剩余收益。同时，母亲也还在继续自己的经营活动。

此时，风险投资家看到了这个家族的资产运行模式，感觉非常有前景，于是决定投资。但有这样的规定：投资家可以直接向母亲买入股份，母亲的一份股份可以按比例转换成儿子 A 和儿子 B 的股份；投资家也可以在流通市场上买入儿子 A 或者儿子 B 的股份，二者的股份可以按比例转换成母亲持有的股份。卖出的情况相反。

这个例子是对分级基金最简单、最直接的描述，投资家就是市场上的每位投资者，母亲持有的股份就是母基金，儿子 A 和 B 分别对应 A 类基金与 B 类基金。投资家向母亲买卖份额的地方为一级市场，买卖 A 类基金、B 类基金的市场为二级市场。

理论上，A 类基金与 B 类基金的总值分别乘以相应权重，应该与母基金的净值相等。但由于母基金和分级基金品种的不同、市场的不同、流动性的不同，它们之间的价格总会存在差异。

母基金和 A 类基金、B 类基金可以转换，同时存在于两个市场。母基金与 A 类基金、B 类基金之间的价格形成机制，一个在一级市场由投资业绩下的基金净值决定，一个在二级市场由供求关系决定。在这样的市场特征下，一旦一、二级市场的份额价格出现较大偏离，在一价定律下，套利机会就会产生。

这里要说明一点，被动式管理的指数基金透明度更高，更利于投资者了解基金情况。指数基金每日公布净值的规则，投资者能够清楚地准确掌握基金份额之间是否存在价差，是否存在套利机会。

因此，作为分级基金的一个子类别，指数分级基金更容易实现套利操作。套利方法很简单：低买高卖，买入低价者，卖出高价者。

一般情况下（假设 A 类基金、B 类基金的份额比例为 5∶5），一份 A 类基金的价格加上 B 类基金的价格应该等于 2 倍母基金的净值，当二者出现差异时就有套利空间。具体操作，以申万菱信申万证券分级（代码：163113）、申万菱信申万证券分级 A（代码：150171，简称证券 A）、申万菱信申万证券分级 B（代码：150172，简称证券 B）为例进行说明。

2019 年 7 月 30 日，证券 A 的收盘价为 0.985 元，证券 B 的收盘价为 1.392 元，二者之和为 2.377 元，当天两份母基金的净值为 1.8312 元。显而易见，申购母基金相对分级基金折价 29.8%（2.377/1.8312－1）。此时应该申购母基金，将其在二级市场拆分成分级基金，在二级市场以市价将两份分级基金卖出，最终实现套利。

相反的情况，如果两份母基金的净值大于证券 A 和证券 B 价格之和，就可以按比例在二级市场分别买入证券 A 和证券 B，然后将其合并成母基金，申请在场内赎回，实现套利。

以上拆分、合并套利的过程，至少需要两个交易日。如果同时持有母基金、A 类基金和 B 类基金，以上过程就可以在一个交易日内完成，变现实现 T+0 交易。

不过要提醒一点，从 2019 年 2 月起，部分基金公司只允许 A 类、B 类分级基金合并成母基金，不允许母基金拆分成分级基金，套利的可能被进一步压缩了。

除了要判断 B 类基金的获利策略，还要关注它可能存在的风险因素。

B 类基金投机的风险包括但不限于以下三方面。

杠杆的风险

B 类基金自带杠杆，相当于借钱投资，不但要还本还要付息承担资金成本。市场行情好，B 类基金能享受更多剩余收益；市场环境差，B 类基金本身不但面临亏损风险，还要支付 A 类基金的资金成本和利息。

加杠杆投资在熊市的结果，很容易像 2015 年股灾时融资炒股爆仓的股民那样惨不忍睹。

特别是当 B 类基金的净值下降，接近下折阈值（一般是 0.25元）时，它的净值杠杆和价格杠杆会加速上升。杠杆倍数的增加，会进一步放大风险。

在投资者避险情绪的引导下，很容易出现踩踏式清仓离场的现象，从而再次加速 B 类基金净值的下跌。

折算的风险

B 类基金向 A 类基金借钱投资，虽然双方有还本付息的约定，B 类基金也会尽最大力量兑现对 A 类基金的承诺，但市场走势瞬息万变，极端情况一旦出现，任何人都难以掌控，一旦 B 类基金遇到这种情况，A 类基金的本金和利息将受到损失。

为了确保 A 类基金的利益，一般分级基金会有类似这样的规定：当 B 类基金的净值下跌至一定数值（一般是 0.25 元）时，将 B 类基金的份额缩小，让净值重新回到 1 元。B 类基金的下折相当于基金总份额减少，把几份净值小的基金合并成一份净值高的基金。

由于 B 类基金下跌到净值附近时，投资者会蜂拥而出，基金净值的价格跌幅、跌速远远大于二级市场的交易价格，此时不幸持有 B 类基金的投资者会在折算时承受大幅损失。

2015 年股灾时，多只 B 类分级基金多次惨遭下折，很多不明所以的投资者损失惨重。那一年，一位投资者向我倾诉，自己买入某只 B 类分级基金，不幸触发下折风险，两个交易日损失 72% 左右，一夜之间他付出了十几万元的代价。

万一遇到这种情况，应该怎么办呢？

遇到这种情况，亏损已经难以避免，两害相权取其轻，接下来要做的是如何尽量降低损失。

首先，当 B 类基金的净值低于 0.6 元时，下折风险就有可能发生，此时要尽量避免投资。另外，一旦买入，就要及时卖出 B 类基金，哪怕是跌停价卖出，也要避免更大的损失。最后，在折算日前买入相应的 A 类基金，与 B 类基金合并赎回成母基金。

那位投资者如果按照第三种方法操作，虽然也会损失 20% 左右，但与 72% 的亏损相比，损失已经大幅降低。

市场波动的风险

对于投机者而言，市场价格的波动既是机遇又是风险。只有波动才能低买高卖赚取差价，也只有波动才会让投资者损失。

对于套利者而言，市场波动的风险是影响盈亏的重要因素。无论是溢价套利还是折价套利，从首次操作到最终完成，中间的申购、拆分、合并、赎回最快需要两个交易日完成。资本市场瞬息万变，别说两个交易日，两分钟都可能出现截然不同的走势。

夜长梦多是资本市场的一大特征，超短线操作需要在两天内面对各种不确定的考验。两天后，基金的净值和价格的变化可能会压缩套利空间，甚至直接导致套利失败，有时还会导致发生亏损。对于很多套利者而言，"猜到了开头，却猜不中结局"是经常遇到的情况。

对于双向套利者而言，变相的 T+0 操作压缩了套利时间，但这样操作要求投资者同时持有母基金、A 类基金和 B 类基金，资金的占用会丧失机会成本。另外，套利的收益可能无法弥补市场反向变动净值下跌带来的损失，最终的结果是，套利操作只是降低了成本，整体上仍是亏损的。

第 6 章

智能定投攻略

什么是定投?

投资的目标是盈利,但功利心太强,往往吃不了热豆腐。要想在定投上赚钱,也只有一个字:等。必须有这样一个时间,让投资开花结果。投资有一个特点:越想赚钱,越容易亏损。

对于投资这件事,一旦想赚快钱,心态就容易着急,随之就会频繁交易。交易越频繁,思考的时间越短,理性思考就会被感性吞噬。

任何价格变动都是万千力量的集合,只凭一时冲动怎么能掌控整个局面?频繁交易的结果只能是做得越快、赔得越多。

种瓜得瓜,种豆得豆。那么我们还可以种钱收钱,只不过就需要耐心等待它开花结果。我们要做的是按照规律去收成,而不是拔苗助长。

在资本市场上，金钱确实可以种植，时间就是金钱，至少它拥有让钱生更多钱的力量。

长期定投降低亏损概率

长期定投可以降低市场风险的冲击，降低持仓成本，最终降低亏损概率。指数基金面临市场风险的冲击，长期定投后持仓成本会下降，资本可以在时间的酝酿中慢慢发酵，不断地吸收筹码，拉低整体持仓成本，压缩风险程度、降低亏损的概率。

有研究表明，指数基金定投时间与投资者亏损比例呈负相关，定投时间越长，投资者亏损的比例越低。

一项针对台湾地区的指数基金投资的调查显示，定投基金的期限超过 10 年，亏损的概率几乎为零。

巴菲特曾做过这样一个比喻：指数基金是一只盯住一个目标一直爬行的乌龟。中国的寓言中也有这样的故事，乌龟虽然爬得慢，但一定会到达目的地。安全地朝着目标前进就是最大的胜利。如果有足够的机会，乌龟甚至可以跑赢身体条件比自己强百倍的兔子。

从时间角度看，规避市场风险的方式有两种：一是瞬时交易，缩短风险暴露的时间；二是长期投资，拉长交易的时间跨度。

瞬时交易

常在河边走，哪有不湿鞋？如果想不湿鞋，很简单，减少在河边走的时间就可以了。时间越短，湿鞋这种事件发生的概率就越低。

瞬时交易，就是减少在市场中停留的时间，以短平快的方式化解市场风险。市场中最常见的瞬时交易方式就是 T+0，这一秒买进，下一刻立即卖出，缩短在市场停留的时间，只要速度足够快，任何风险都可以无限缩小。毕竟趋势一旦形成翻转也是需要时间的，在翻转之前抽身离去就不会有损失。

再举个例子，火中取栗是件危险的事情，为什么能够成功呢？因为它无限缩短了手在火中停留的时间，危险程度因此大大降低，甚至可以忽略不计。同样的道理，瞬时交易也是以快制胜，最终达到规避风险、获得安全边际的效果。

令人遗憾的是，我国股票市场中不存在 T+0 交易制度，ETF 和期货虽然存在这种交易方式，但它的门槛极高，并不适合大多数投资者。

长期投资

拉长交易的时间跨度，用时间的长度抹平市场中的不确定性。一轮牛市与熊市的转换，市场波澜壮阔，顶部高高在上，底部跌入深渊，只要持仓的时间足够长，任何顶部和底部都只是价格区间中的小波动而已，持仓者没有交易的情况下，只相当于坐了一次过山车。

用数据更能说明问题。从图 6-1 可以看出，短期投资（一年以下）的风险最大，随着持有时间的延长，收益范围 0 轴以下的负值部分逐渐降低，并逐渐趋近于某个数值。

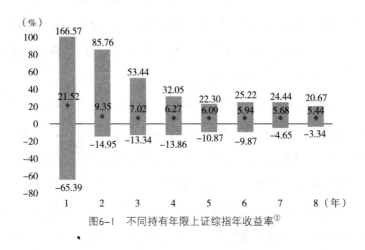

图6-1　不同持有年限上证综指年收益率①

经济学家保罗·萨缪尔森的理论也证实了上面的观点。他和朋友玩掷硬币的游戏，曾经得出这样的结论：掷硬币出现正面和反面的概率均为 50%，但掷 1 000 次得到正面的概率比掷 10 次的概率更接近 50%。

---

① 数据来源：Wind 资讯，图中菱形标识代表各种时段产生的平均收益率。

这个结论拿到资本市场同样适用：风险概率会随着打赌次数的增加而减小，预期收益实现的概率会随着打赌次数的增加而增大。

基金每期定投，其实是一个相互独立的事件，时间毫无差别地分散在时间轴上，时间点在这一刻与下一刻没有任何差别。当价格高低不同地散落在时间轴上时，它们就像被线穿起来的珍珠。随着时间轴的延伸，投资期限不断延长，价格越接近平均水平的概率越高，珍珠项链越趋近于某种形态。

在某个时点以概率解释问题，我们无法把握输赢。但在足够长的时间里同样是以概率解释问题，我们可以把握输赢。

在美国以定期定额的方式投资基金，持续投资一年，投资者亏损的比例为 30%；定投持续 5 年，投资者亏损的比例为 10%；如果定投时间延长至 10 年，亏损的投资者只有 2%。交易时间跨度拉长，市场风险就会被降到非常低。

这种情况，就是基金定投能够降低亏损概率、平滑风险，追求收益与成本平均化，在时间上有理论基础。有了理论支撑，每位投资者都应该做时间的朋友，坚持长期投资。

2018 年 12 月底，天弘基金发布了《2018 指数基金大数据报告》。报告数据显示，周定投用户平均扣款 6 期，定投时间只有 2 个月，80% 的周定投用户不能做到长期投资，定投 11 期即停止，追涨杀跌行为在定投中依然存在。这种用户行为的结果是，从

2015 年到 2018 年，只有 48% 的用户盈利，而 52% 的用户亏损。

事实证明，投资时间短、不按照计划执行、追涨杀跌，即便采用定投的方式，也难逃亏损的厄运。

长期定投能享受复利的收益

如果初始投资 1 万元，按照 1% 的收益复利计算，365 天后将得到 37.409 万元，增长超过 37 倍。不仅如此，复利的收益会随着投资时间的延长呈指数级上涨，收益翻二番需要 70 天，翻三番需要 41 天，翻四番需要 29 天……从 36 番到 37 番只需要 2 天。

哪怕微不足道的收益率，在复利的威力下，只要时间足够长，在投资的路上，就会收获累累硕果。

指数基金定投的复利威力体现在基金分红后，继续再投资购买基金份额，让分红继续赚钱，从而达到复利的投资效果。通常半年或者一年才会分红，指数基金定投的时间一般也比较长，符合长时间投资获得复利的时间要求。

定投的复利效果只有长期投资才能体现出来，因短期的波动而停止定投，不能享受复利的福利。

定投指数基金，需要成为时间的朋友。做好长期投资的心理准备，接下来要解决的问题是，选择怎样的定投策略。

定投与主动管理

指数基金定投是被动管理的主要形式，被动管理与主动管理都属于投资的重要方式。在所有基金中，混合型基金可以看成主动型基金的重要组成部分，主动型基金和被动型基金都是资本市场重要的基金产品。

对于投资者而言，任何理论都是工具，都为盈利这一结果服务，全面、客观的观点才能帮助投资者达成这一目标。因此，接下来向大家介绍定投与主动管理的区别与联系。

市面上不乏鼓吹指数基金定投的各路"大咖"，更不缺跟风投资的小散户，别人说好就真的好吗？从客观情况看，指数基金产品及定投的方式并不是目前投资者的主流选择。

——从基金总市值上看，指数基金产品占比较小。从 2007 年到 2017 年，指数型基金的管理市值从 3% 上涨到 8%[①]，十年增长两倍多。从增速上看，十年间指数基金市值迅速发展壮大，但从相对数据来看，被动型指数基金的市值只占基金产品的一小部分。

截至 2018 年年底，公募基金的资产总净值约为 13.25 万亿元，其中货币基金占比约为 60%，债券基金占比约为 20%，股票型基金占比约为 5.79%。由此可见，指数基金的市值占比依然很低。

---

① 根据 Wind 数据库综合整理。

最直接的结果是，指数基金在资本市场的影响力相对较小，进而会影响投资者的选择。

——从产品数量上看，指数基金的数量与主动管理型基金相比仍是寥若晨星。管理市值占比低已经从侧面证明了这个问题，为了保证结论的严谨性和准确性，我们再从产品的绝对数量上对比验证一下。

截至 2018 年 12 月 28 日，Choice 客户端数据显示，全市场总共有 5 159 只基金产品，其中 864 只股票型基金、2 268 只混合型基金、1 469 只债券型基金、331 只货币基金、227 只其他类型基金。从产品结构分布来看，混合型基金、债券型基金、货币基金的数量就占到了 78.85%，即使不知道指数基金的具体数量，也能知道它的产品数量占比并不多。

指数基金的产品数量占比低，投资者定投的可选范围就相对小，从前面章节的介绍也可以看出，很多指数、板指指数还没有相应的指数基金产品与之对应，指数基金产品的发行、管理仍任重道远。

——从投资者角度看，我国的资本市场并非完全竞争市场，投资者心态并不是十分成熟，基金管理机构水平参差不齐，投资者认知千差万别，大多数投资者最熟悉股票，其次是基金，最后才是指数基金及定投的投资方式。

很多投资者认为，用定投的方式把钱交给市场，或多或少都会产生让资产随波逐流的感觉，与其如此，不如自己主动管理账户，哪怕亏了也能长点儿投资经验。从这个角度看，对于定投这种被动投资方式的认同度仍偏低。

——从理论依据上看，主动管理与被动定投的投资方式各有自己的理论依据。被动定投的理论依据是法玛的"有效市场假说"，理查德·塞勒在行为金融学提出的"输者赢者效应"可以为主动管理提供理论支撑。虽然它们的出发点不同，所依据的理论观点甚至截然相反，但没有优劣之分，二者都获得了诺贝尔经济学奖。

理论依据的不同造成操作方法的差异，但方法只是手段，最终目标是盈利。正所谓条条大路通罗马，"不论黑猫白猫，能逮住老鼠的就算好猫"。只要能盈利，投资者也应该博采众长，为我所用，不应该对哪种方法存在偏见。

——从最终的业绩看，主动管理型基金也并不比指数基金差。在上涨行情中，主动管理型基金的收益率必定优于定投指数基金；在下跌行情中，定投指数基金的优势更加明显；在震荡行情中，二者不分伯仲。

以上是定投指数基金与投资主动管理型基金收益率优劣的一些常识。下面，我们用数据来证明二者并不存在明显的优劣之分。

从单个年份来看，2019 年前三季度上证指数上涨 16.49%，理论上，指数基金的收益率应该与之大致相当。再来看看主动管理型基金的业绩表现，根据《21世纪经济报道》所述，85%的公募基金的权益类基金平均收益率高于上证指数，12家大型公司的权益产品平均回报率较同期上证指数取得9.5%左右的超额收益。从单个产品的排名看，前三名的产品收益率均超过35%，收益率应该是指数基金的2倍多。

再把时间跨度拉长，二者难分高下。2005—2011年的7年中，主动基金平均涨幅超过沪深300指数的年份有四年，概率为57.14%，只有2006年、2007年和2009年三年收益率低于沪深300指数。①

定投策略大比拼

古人云："君子有所为有所不为，知其可为而为之，知其不可为而不为，是谓君子之为与不为之道也。"

古人做人的道理同样可以运用到投资上，基金定投这种被动式投资便可以被视为"不为"，也就是投资者应该选择的最好策略之一。

指数基金定投最强有力的理论基础是"有效市场假说"，投资者只能采取被动管理的投资策略，取得与股票指数收益水平相当

---

① 王婷婷，《主动和被动，哪类基金更好？》，《大众理财顾问》，2012年第7期。

的成绩。

先锋集团的创始人约翰·博格早在 1951 年就已经发现：共同基金超越市场平均水平的优势是根本不可能的。约翰·博格随后推出全球第一只指数基金——先锋 500 指数基金。

2017 年 3 月，巴菲特在致股东的信中写道："如果要树立一座雕像，用来纪念为美国投资者做出最大贡献的人，那么毫无疑问应该选择约翰·博格。"约翰·博格被称为"指数基金教父"，他为指数基金的投资者留下这样一句传世名言：与其在稻草堆里寻针，还不如买下整个稻草堆。

路透社曾经对他进行过采访，他透露了自己的投资哲学："尽可能有效地投资，使用低成本的基金，可以购买和持有一辈子。不要追逐过去的表现，而是购买广义股票指数和债券指数基金，你的债券比例大致相当于你的年龄。"

购买指数基金，是约翰·博格最真诚的建议。但我们马上面临一个问题：定投指数基金有哪些方式，它们的优缺点是什么呢？

定投指数基金的方式有两种，一种是最普通的定期定额方式，间隔固定的时间、以固定的金额投资基金；另一种是智能定投，根据技术分析、成本、价值等要素，随行就市，在高位时买入的金额少，在低位时买入的金额多。

两种定投方式有何异同，哪种定投方式能取得最优效果呢？

先说定期定额的定投方式。

在资本市场，投资者总是会为选股、择时两个问题烦恼不已。如何解决这个问题，技术分析方法已经给出答案。除了技术分析方法，指数基金定投采用"不为"的策略，放弃了选股和择时的机会，也算是解答这个问题的一种思路。

定投指数基金，不再从几千只股票里选择标的，而是投资特定的指数基金，没有了选股的烦恼；面对不能预测的走势，将资金分为若干份，定期定额投资，不主动选择投资时机，高价时买入少量筹码，低价时买入更多筹码，避免一次性买入而发生的择时错误，最终总筹码数量多于一次性买入的数量，降低投资成本。

理性经济人的目标是收益最大化，指数基金定期定额定投的方法并不能实现这一目标。趋势上涨时，在低位一次买入获利程度最高，定期定额买入并不是最优策略；指数下跌时，最好的方式应该是远离市场，持币观望，彻底避免下跌风险，定期定额买入策略虽然优于一次性买入的方式，但收益率仍是负数，也不是最优策略；在震荡行情中，指数基金定投平滑风险作用降低，并不能显著降低成本。

定期定额定投的方式不是最优策略，是基于大多数投资者不具备做出最优选择能力的现实情况，退而求其次的选择。这种更适合大多数人的方式，能帮助大家在变幻莫测的市场中分到一杯属于自己的羹食。定期定额定投的方式相较于一次性买入的策略，优点主要体现在以下两个方面。

分批买入将择时风险转换为获利机会

投资者随机选择一个时点开始进行指数基金定投，此后间隔固定的时间买入固定金额的基金份额。开始定投的时间点可以随机挑选，不存在择时一说，也就不存在择时风险。

指数基金定投不但不存在择时风险，还可以将这种风险转化为获利机会。随着基金价格的下跌，同等金额买入的基金份额数量必定增加，定投结束，最终总份额必定多于一次性买入的基金份额。此后价格一旦止跌上涨，就可以获得更多收益，迅速实现预期收益。

1 万元投资指数基金，如果在价格为每份 1 元时一次性买入，可以买入 1 万份。将 1 万元分成 4 份，当基金价格为每份 1 元时，可以买入 2 500 份；当价格为每份 1.25 元时，可以买入 2 000 份，当价格跌到每份 0.8 元时，可以买入 3 125 份；当价格跌到每份 0.65 元时，可以买入 3 846 份。四次一共买入 11 471 份，平均成本为每份 0.871 7 元。定投的买入方式比一次性买入的方式，最终多获得 1 471 份份额。

假设预期收益率为 20%，当价格涨到每份 1.2 元时，第一种操作才可以达到预期目标。对于第二种基金定投的方式，价格涨到每份 1.046 1 元就可以实现。比较而言，基金定投的方式不但能规避择时的风险，而且能平滑价格波动风险，平摊整体买入成本，更容易实现目标收益率。

如果价格涨到每份 1.2 元，一次性买入的收益率是 20% ；基金定投的方式，盈利已经达到 37.66%。涨到同样的价格，定投的方式能获得更高的收益率。

从图 6-2 中可以清楚地看到，定投能够有效摊低成本，基金定投与一次性买入相比，长期定投的成本非常稳定。在震荡行情中，定投摊低成本的优势并不是十分明显。当市场一旦向好，基金净值开始飙升，定投的利润也会跟着狂奔。

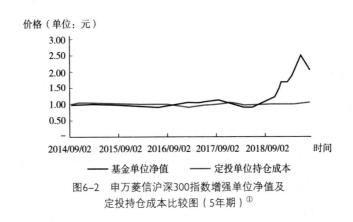

图6-2　申万菱信沪深300指数增强单位净值及
定投持仓成本比较图（5年期）①

对 2015—2017 年 ETF 产品的实证研究也证实了上面的结论：ETF 的时机选择风险越高，定期定额投资于 ETF 带来的收益率越

① 周晓君，《不同基金定投策略的比较研究》，广东外语外贸大学，2017 年 5 月
24 日。

高于一次性投资带来的收益率，定期定额投资于 ETF 可以有效地将 ETF 的时机选择风险转化为更高的收益水平。①

价格波动越大，定期定额定投越容易获利

定期定额买入的方式，能够平滑价格波动风险。也可以换一种方式说，只有价格波动存在，这种方式才能平滑择时风险，将其转换为更高的获利水平。如果价格波动没有了，指数基金定投的优势将不复存在。换句极端点儿的话，股市或者说金融市场最大的魅力恰恰在于波动，如果波动没有了，金融市场将不复存在。

价格波动幅度越大，定期定额定投越容易获利。先用一个极端的例子说明，1 万元分 4 份定期定额投资每份为 1 元的指数基金，这只基金在一个月内的波动率为零，那么最终买入 1 万份，成本为每份 1 元，此时盈亏平衡。

虽然也是采用定投的方式，但价格波动为零，相当于一次性买入，无所谓规避价格波动风险，名义上没有发生亏损，却丧失了一个月的机会成本。

另一种情况，1 万元分四份定投每份为 1 元的指数基金，这只基金的波动幅度非常大，价格从每份 1 元开始，随机波动到每

---

① 丁争争，《ETF 的时机选择风险管理研究》，天津商业大学，2018 年 5 月。

份 0.1 元、2 元，最终又回到每份 1 元。四次定投分别可以买入 2 500 份、25 000 份、1 250 份、2 500 份，总共 31 250 份，平均成本为每份 0.32 元。

基金的价格可以先涨后跌，也可以先跌后涨，只要最后回到每份 1 元，账户就会有 212.5% 的盈利。

极端的例子最能说明简单的道理：价格波动幅度越大，用基金定投的投资方式则收益越优于一次性买入的方式；价格波动幅度越大，定期定额的定投方式越容易获利，获利程度也越容易保持在高水平。

智能定投

与定期定额的普通定投方式相比，智能定投增加了对时机的选择，在定期定额的基础上，改进交易策略，在高位时减少买入金额和数量，在低位时加大买入金额和数量，根据行情变化智能增减定投额度。

定期定额的普通定投与定期不定额的智能定投相比，前者更机械化，而后者灵活性和适应性更强。目前智能定投方式主要有均线偏离法、移动平均成本法、动态市盈率法、指标触发基金定投法。关于前三种定投方法，周晓君在《不同基金定投策略的比较研究》中做了详细阐述，这里只引用部分内容，供读者参考。

均线偏离法

这种定投数额大小受收盘价与均线偏离程度影响。事先确定每个月的某一天为定投日，根据定投日前一个交易日收盘价与某条特定均线的偏离程度决定当月投资额度的大小。

通常选择的均线有 30 日均线、60 日均线、90 日均线、120 日均线、180 日均线、250 日均线、500 日均线，偏离幅度一般设定为 ±5%、±10%、±15%、±20%，偏离幅度越大，则在原来数额的基础上增加或减少同等幅度。

从上面的定投思路可以看出，标的指数基金的均线要有一定的波动幅度，短期均线波动过于频繁，均线周期太长，很难达到相应的偏离幅度。

偏离幅度的设置也会影响定投效果，偏离幅度设置低，交易额度就会频繁调整，最终拉高交易成本；偏离幅度设置过高，不容易达到效果。如此，这种智能定投的作用就会大打折扣。

在均线的选取中，研究发现，无论以 1 年、3 年还是 5 年为投资期限，选取 250 日均线为标准比 60 日均线的效果更高、收益率更高。

目前使用这一方法的产品有广发赢定投、博时的定额不定投。

移动平均成本法

此种方法是根据基金净值与持有成本的差异程度进行投资。事先确定每个月的某一天为定投日，根据定投日前一个交易日基金净值与持有成本的偏离程度决定当月投资额度的大小。

当基金净值与持仓成本的偏离达到某一数值时（通过设定为：±5%、±10%、±15%、±20%），则本次扣款数额在原来的基础上相应增加或减少同等幅度。

以5年期为限，投资期限越长，这种定投方法的收益越高。在长期投资中，定投成本会随着时间的延长逐渐接近平均成本和基金净值，二者的偏离不会太大，此时偏离度越小（±3% 或者 ±5% 时），效果越好。

目前使用这一方法的产品有汇添富稳健策略、长盛动态精选。

动态市盈率法

均线偏离法根据技术分析特征定投法，移动平均成本法从成本角度定投，而动态市盈率法则从价值投资角度出发，根据定投日前一个交易日指数市盈率所处历史位置决定本次投资额度的大小。

动态市盈率数值的相对高低代表某个指数在历史走势中所处的相对估值位置，位于高估区，则说明基金短期被高估的概率大，扣款数额应该减少；位于低估区，说明基金被低估的概率大，扣款数额应该增加；位于合理区，说明估值正常，扣款数额与上期保持一致。

动态市盈率所处的相对位置一般比较稳定，不会像股价一样频繁波动，因此这种方法并不适合短期投资。以 5 年期为限，投资期限越长，这种定投方法的收益越高，投资期限短，收益反而不太明显。

南方 e 智定投是使用这一方法的产品。

指标触发基金定投策略

除了以上三种定投策略，市场上也有针对技术分析指标变动而设计的指标触发基金定投策略。指标触发基金定投策略中，有两种是利用趋势类指标（MACD 指标）、超买指标（KDJ 指标）触发定投的方案。

技术分析指标有一定的适用范围，所以利用技术分析指标制定定投策略时，一定要在事前设计好定投原则和交易策略，触发交易条件即刻买卖。

对于 MACD 指标，一般从数值和形态出发制定定投策略；KDJ 指标对价格变动比较敏感，为了避免频繁交易，采用周线 KDJ 指标。对于 KDJ 指标，一般从 K、D、J 的数值和所处的位置出发制定定投策略。

研究发现，由 MACD 指标和 KDJ 指标制定的定投策略都能有比定期定额定投更优秀的表现。MACD 指标触发基金定投的总收益最高，能够精准把握中长期趋势的进场点、出场点，缺点是具有一定的滞后性。[①]

KDJ 指标触发基金定投能够及时根据行情变化做出调整，风险控制能力较强。缺点是交易频繁，交易成本较高。

智能定投的最大优点是能够根据市场、成本与净值的关系、标的价值、技术指标等因素调整每期投资金额，避免了定期定额机械投资的弊端，及时追踪市场变化，有效降低成本，取得比普通定投更高的收益。

最终的研究结果也有参考意义：智能定投策略均比普通定投策略的收益高；在均线偏离法、移动平均成本法、动态市盈率法的智能定投比较中，均线偏离法在各个阶段、各个产品上的表现更好；在测试的基金产品中，指数基金产品的表现更好。

以上定投策略各有千秋，但风险依然存在，不能保证任何绝对收益。有了策略，并不意味着万事大吉。所谓"工夫在诗外"，策略之外的事情仍需投资者考虑。

---

① 展之宽，《基于 KDJ 和 MACD 指标的触发式基金定投设计和可行性验证》，兰州大学，2013 年 5 月。

智能定投的注意事项

定投后可一劳永逸，是投资者心中最大的刻板印象，如果不能消除这个刻板印象，那么盈利仍会远离投资者。

与任何投资产品一样，指数基金定投有自己的优点，必定也有自己的缺点。指数基金定投帮助投资者解决了选股、择时两大难题，省去了管理烦恼，只要开通定投，到了定投日期系统自动从银行卡里划款买入，投资者不需要花费过多时间管理产品。

虽然定投的优点很多，但这并不意味着定投了指数基金就可以高枕无忧。

中国股市属于弱有效市场，牛短熊长。如果把持续一年以上、上证指数翻番的行情称为牛市，那么在中国将近 30 年的资本市场历史中，牛市只有四次：1990 年 12 月—1992 年 6 月、1996 年 2 月—2001 年 6 月、2005 年 6 月—2007 年 8 月、2014 年 6 月—2015 年 6 月。

每次牛市之后，指数都将陷入漫长的调整期，熊市时间是牛市的两倍，上证指数及其他代表性的股指并没有像美国股市出现长期持续上涨的走势。但是，市场不能这样解释，每一次牛市熊市转换，时间虽然长了一点儿，但每次由熊市转牛市的收益率也是相当可观的，上文提到的四次牛市，任意踏上一次都能轻松翻番。准确抓住一次牛市对任何投资者来说都不容易，但通过定投指数基金搭上牛市的列车却非常简单。

接下来我们必须知道，指数基金定投有哪些注意事项？

定投时间无限延长，摊薄成本的边际作用下降

最常见的观点，指数基金定投使投资成本加权平均，相较一次性买入，能够摊薄成本，增加筹码数量，定投的时间越长，亏损的可能性越小，获利的可能性越大。

可事实并非完全如此，时间对边际成本的摊薄是有一定限度的。指数基金定投摊薄成本的作用在一定投资期限内有效，一旦超过某个限度，摊薄成本的边际作用将下降。

生活的道理同样可以运用到投资上。往一杯水里加一勺糖会感觉很甜，往杯子里继续加一勺水，甜度会逐渐降低。当加了足够多的水以后，甜度降低的程度不会像开始时那么明显，如果继续加更多的水，甜度降低的程度更变得微乎其微。

在这个例子中，甜度可以理解为指数基金定投的成本，不断加入的水相当于投入的金额。在一定限度内，随着投资金额的增加，成本会出现明显下降，但超过一定限度，定投成本下降的边际作用会逐渐减弱。

假设已经定投了 10 000 期，每期投资 100 元，那么第 10 001期只占总资金的 1/10 001，即便这一期买到了整个下跌走势的最

低点，对整个定投降低成本的作用也微乎其微。

这也称为钝化效应。基金单位净值到达峰值急转直下后，定投单位持仓成本不但没有下降反而上升。如果此时继续按期定投，反而会增加成本，最终还可能由于成本增加，导致账户由盈利变为亏损。

即便再完美的交易系统和投资策略，也会遭遇市场的波动。2009 年 8 月中旬，上证指数在 3 100 点左右，如果此时定投，6 年后牛市到来，最高达到 5 178 点，之后再次下跌，步入漫长无期的熊市。到了 2019 年 8 月中旬，上证指数只在 2 800 点附近徘徊。

长期定投并不是投资的最终目标，盈利才是每位投资者最大的追求。

都说"十年磨一剑"，如果定投不在恰当时机及时止盈，也不能取得预期收益。盈利达到预期目标，一定要落袋为安，否则到手的利润就会回吐，到头来竹篮打水一场空。

对于使用均线偏离法、移动平均成本法、动态市盈率法的智能定投方式来说，设置止盈点，获利及时退出，落袋为安优于在市场中经受风吹雨打。

长期定投，一定会积累大量的基金份额和资金总量，达到预期目标，一定要考虑如何退出，是一次性退出还是分次退出？如何制定止盈目标，退出策略如何实施？

投资期限太短，定投的作用未能充分发挥

与定投时间太长完全相反，投资期限短，则不能发挥定投摊薄成本的作用。

指数基金定投属于长期投资策略，一般以年为单位，只有长期投资，才能发挥时间的作用，充分摊薄持仓成本，降低风险，最终在指数基金上涨的过程中获利。

如果投资时间短，中间轻易中断定投或者赎回，容易出现两种情况：一是投资期限价格内波动不充分，摊薄成本的作用未能充分发挥；二是定投期间指数基金处于下跌趋势，指数基金还未上涨，定投未能守得云开见月明，就在黎明之前认赔出局了。

先说第一种情况。我国的资本市场向来"牛短熊长"，大部分时间处于震荡下跌的走势中，如果投资期限短，价格波动不充分，指数基金定投很可能发生在某一狭小的价格区间，价格波动越小，定投的成本越集中，摊薄成本的作用越低。此时，如果停止定投，遇到价格下跌，很容易亏损。

另外一种情况是，在下跌的走势中，定投能够增加筹码数量，不断降低成本，优于一次性买入策略，但最终的收益率数字仍是负数，如果此时停止定投，未等到行情反转，亏损将持续发生。

2018 年 1 月 30 日，上证指数到达 3 587.03 点的高点，如果此时开始指数基金定投，此后一年多的时间里，指数始终下行，

账户会一直处于亏损状态。

直到 2019 年 1 月 4 日，跌至 2 440.91 的低点行情才开始反弹。在将近一年的时间里，纵然定投降低了成本，但包括定投在内的任何买入收益率都是负数。在此期间，任何时间点退出都会亏损。

定投时间短，没有超过这个期限，投资者会以亏损离场，见不到未来的曙光，等不到随后的反转行情和上涨的利润。

在基金定投的投资期限上，调查显示，近六成的投资者选择了 1 ~3 年的投资期限，而投资期限少于 1 年或坚持 3 年以上的投资者较少。由此可以看出，基金定投在中国并不成熟，目前还处于初级阶段。[①]

定投要量力而行

目前，大多数指数基金的起点在 100 元至 300 元之间，投资门槛非常低，这就给了大多数投资者选择的机会。

用钱生钱是好事，但投资理财要量力而为。国家统计局公布的 2019 年上半年居民收入和消费支出数据显示，2019 年上半年，全国居民人均可支配收入 15 294 元，全国居民人均消费支出 10 330 元，也就是说，上半年人均只剩余 4 964 元。

[①]　赵荣荣，《定期定额投资实证研究》，天津商业大学，2013 年 5 月。

按照理财的原则，剩余资金不能全部用于投资，而是应该留一部分流动性强的活期存款或货币基金用来应急，那么能用来投资的资金更少了。

指数基金定投属于长期投资，不但要考虑自己的开支和需要，还必须考虑未来可能面临的风险。从科学的角度看，拿出剩余资金的三分之一定投即可，那么每月定投的数额就不能太高，定投数额高，很容易影响自己的生活质量。

调查发现，七成左右的投资者每月的定投金额在 1 000 元以下，且绝大多数的投资者每月的定投金额不超过 700 元。从基金定投金额占年收入的比重来看，大部分投资者每年定投的金额不超过其年收入的十分之一。[①]

投资指数基金，一定要量力而为，不能降低自己的生活质量，更不能用杠杆投资。在智能定投时，一旦价格跌幅超出一定幅度，系统会自动增加投资额度，此时账户资金不足或现金流中断，扣款就会失败。

房屋断供，银行就会把房子收回并进行拍卖抵债。定投指数基金扣款不成功，不但丧失了低吸筹码、降低成本的良机，定投计划也可能被迫中断，甚至会导致整个定投计划功亏一篑。

在熊市中，成本还没降到足够低、筹码还未收集到足够的数

---

① 赵荣荣，《定期定额投资实证研究》，天津商业大学，2013 年 5 月。

量、定投计划还未完全结束时，此时账户大概率处于亏损状态，定投计划一旦终止，投资者将承担之前所有的损失。

对于工作稳定、现金流稳定的工薪阶层来说，定投是不错的选择。每月发完工资，留足日常消费，剩余资金可以用来投资。

投资者一定要清楚自己的偏好风险类型、财务状况、投资经验和未来规划，量力而行，选择适合自己的定投方案，而不是拍脑袋决定投资数额。

定投一定要注意时机

与一次性买卖相比，定投的时机并没有那么重要，但这并不意味着定投时机选择对定投的业绩没有影响。

定投的时机包括三个方面：一是定投开始的时机，二是退出的时机，三是定投的频率。

天时是成功的充分条件，投资选好时机也是取得好收益不可或缺的。对于定投的时机，在上涨开始阶段投资，定投可以立即盈利；在下跌开始阶段，定投可以尽快摊薄成本，行情反转后，"微笑曲线"出现，能在最短时间内由亏损转为盈利；在震荡行情中定投，能够取得平均成本。

会买的是徒弟，会卖的才是师傅。与如何买入相比，如何把握卖出时机，兑现利润更关键。

定投的频率直接影响定投的效果。证券市场价格波动比较大，变化也比较迅速，定投频繁，整体交易成本就会上升，最终会影响利润率；定投频率低，间隔时间长，定投就会跟不上价格变动，最终的效果会大打折扣。

定投期限一定的前提下，定投频率越高，定投的时间间隔越短，持仓成本接近平均成本的概率就越大。最后，由于定投门槛的存在，频繁定投，对资金量和现金流也会有更高的要求。

根据价格波动情况，我认为按周定投比按月定投更能适应市场节奏，大多数人应该选择按周定投的方式。

注意操作细节定投将事半功倍

从定投开始到结束时，有一些操作细节需要注意，下面几点供大家参考。

第一，定投扣款日期的选择。一旦开始定投，系统就会按照约定的金额和日期扣款。这里有一个细节需要注意，即扣款日。按照系统设置，可以选择按周、隔周、按月等方式定投，自主选择扣款日。理论上可以选择 1 日到 31 日的任意一天，但由于除闰年外二月份只有 28 天，所以选择范围只能在 1 日至 28 日之间。

第二，关于系统扣款。定投时需要在账户里存进足够的资金，否则会因为余额不足导致扣款失败。扣款失败也没有关系，系统会自动顺延到下一个交易日（部分产品会自动从次日继续扣款），如果下一个交易日仍扣款失败，则本期扣款失效。

部分基金规定，本期扣款失效也没关系，定投会继续按照原有计划执行。不过要提醒大家，如果连续三期扣款都没能成功，则整个定投协议失效。

第三，兑现利润。预期收益达到后，需要将基金赎回，兑现利润。此时有一个细节需要注意，如果只是将基金赎回，账户里继续留有余额，则系统会继续按照原有计划实施定投。兑现利润时，一般行情已经走到了高位，此时不适合继续定投，如果继续定投，账户可能遭受损失，得不偿失。

因此，要在客户端或者通过网点签署《定期定额申购终止申请书》，终止定投计划，防止系统再次定投。

第四，关于份额转换。定投的指数基金并不一定非要赎回，也可以转换成其他基金份额。基金份额转换可以降低反复申购、赎回而产生的费用、缩短操作时间，在巨额赎回时具有优先转出与赎回的权利。

基金份额转换的道理很简单，比如我们在某菜市场买了土豆，可是发现自己更想吃白菜了，还可以在同一个摊位将土豆换成白菜。当然，转换的数量要根据土豆的数量、价格与白菜的价格换算。

基金份额的转换也是一个道理，当某只指数基金达到高位时，你不一定要将它赎回，而是可以转换成其他处在低位的基金份额。

　　和"换菜"的道理一样。在 A 摊位买的菜只能在 A 摊位更换，而不能去别的摊位换。基金份额转换时，只能选择同一基金管理人旗下的基金产品转换，不能换基金管理人。

定投并不只适合指数基金

　　一般理论和市场观点认为，定投只适合指数基金，这种观点难免有些狭隘。除了指数基金，债券型基金、股票都可以用定投的思路投资。

　　债券型基金的价格走势相对稳定，波动率相对较低，与指数型基金相比，可能并不适合作为定投标的，但经济形势总是按照某种周期运行的，股票和股票指数并不能强者恒强。根据美林时钟理论的投资顺序，在"经济上行，通胀下行"的衰退阶段，债券相对现金和股票的吸引力更强，投资债券型指数基金也是不错的选择。

　　对于单个股票而言，同样可以使用定投策略。

　　需要注意，股票的起投门槛相对基金而言更高，对投资者的现金流、风险承受能力、财务状况和投资经验要求更高。基金定投可以自动划款，股票定投只是借鉴基金定投的理念和方法，交易系统并不会自动划款，需要投资者关注行情走势，严格按照计划执行定投策略。

要注意，定投股票会面临选股的问题。用定投的方式投资股票，只是给大家提供一个思路参考。定投属于长期投资，价格波动大利于定投，因此要选择那些盈利能力强、成长性高的优质行业龙头。

定投一般被人称为"懒人投资"或"菜鸟定投"。真正靠定投盈利的人，一定会善于总结投资方法，不断学习、不断实践，克服一劳永逸的"懒人"心态，最终找到适合自己的投资策略。

可投资的美国指数基金

2005 年，巴菲特曾经设下了一场赌注高达百万美元的赌局：10 年内主动管理的对冲基金收益率不会跑赢标普 500 指数。

门徒合伙基金的合伙人应约，选择了 5 只对冲基金管理了 10 年，最终答案已经揭晓：标普 500 指数基金以 85.4% 的收益率战胜了 5 只对冲基金，巴菲特赢了。

此时，所有聪明的投资者需要思考的是：如何才能投资美国的股票指数，享受其上涨的红利呢？

答案很简单，就是投资美国的指数基金。

定投美国的指数基金，至少存在以下好处。

第一，可以分享国外股票指数上涨的利润。众所周知，美国股票指数整体上一直处在上涨趋势中，定投美国的股票指数，可以分享其经济发展成果。

在过去的 50 年，标普 500 指数的平均年化收益率为 9.7%。1970—2005 年，美国市场上 99% 的主动管理型基金的收益率不及标普 500 指数基金。

第二，实现资产配置的需要。在资产组合理论中，每加入一个不同走势的投资品种时，都可以分散一定的风险。同样的道理，定投美国股票指数，同样可以分散资产风险。

尽管目前全球化程度越来越深，各国之间的联系越来越紧密，但中美两国股票指数走势有自己的特点，有时甚至存在巨大的差异。

四十年来我国取得了世界上最快的经济增长速度和最辉煌的经济成就，但股票指数在牛市上涨的时间短而迅速，在熊市下跌的时间长且幅度深。美国虽然经历了经济危机，但股票指数上涨时间长而下跌时间短。当把不同国家不同走势的指数基金放到一个组合中时，同样可以满足对冲风险、配置资产的需要。

第三，可以享受国内优秀企业在海外上市的红利。由于上市制度、股权结构等诸多因素，导致诸如阿里巴巴、百度、美团、拼多多等国内优秀公司赴美上市，国内投资者不能直接投资，享受其发展带来的股权红利。

美股的指数基金中，不仅包括很多优秀的中国上市公司，还包括来自全世界优秀的上市公司。定投美国指数基金，相当于间接投资了这些公司，分享了其成长的红利。

第四，交易费用更低。美国指数基金的交易费用比国内更低，投资美国的指数基金，可以降低交易成本，利于提高利润。

遗憾的是，国内的投资者并不能直接开通美股账户，但这并不意味着不能投资美国的指数基金。目前国内很多基金公司均有关于美国股票指数的相关基金，下面我给大家简单介绍美国三大股指及国内与之相关的基金产品。

道琼斯指数

道琼斯指数是历史上最悠久的股票指数，它是由查尔斯·亨利·道在 1884 年编制的股票价格平均指数，至今已有 135 年历史。

道琼斯指数主要包括四种，分别为：道琼斯工业股价平均指数、道琼斯运输业股价平均指数、道琼斯公用事业股价平均指数、道琼斯股价综合平均指数。

道琼斯工业股价平均指数代表性和权威性强、影响力大，所以投资者最常说的道琼斯指数一般是指道琼斯工业股价平均指数。

目前国内与道琼斯指数相关的基金有南方道琼斯美国精选 A（代码：160140）、南方道琼斯美国精选 C（代码：160141）、银华 – 道琼斯 88 指数 A（代码：180003）。

标准普尔 500 指数

标准普尔 500 指数比道琼斯指数要年轻得多。它是由世界权威金融分析机构标准普尔公司在 1957 年发布的。标准普尔 500 指数包含在纽约证券交易所等交易所上市的 500 家公司，覆盖工业股票、运输业股票、公用事业股票和金融业股票。

与道琼斯指数相比，标准普尔 500 指数涵盖面更广、代表性更强，更能反映市场的整体走势。因此，能够成为众多机构投资者分析、追踪的对象。标准普尔 500 指数的表现也没有让大家失望，它一直有着高光表现，自 2008 年金融危机以来已经走出了 10 余年的牛市行情。

目前国内与标准普尔 500 指数相关的基金有博时标普 500ETF 联接 A（代码：050025）、博时标普 500ETF（代码：513500）、大成标普 500 等权重指数（代码：096001）、易方达标普 500 指数人民币（代码：161125）、易方达标普消费品指数 A（代码：118002）、长信标普 100 等权重指数（代码：519981）。

纳斯达克指数

纳斯达克指数于 1968 年发布，是美国三大股指中最年轻的指数。纳斯达克指数包含在纳斯达克上市的计算机、生物技术等行业的所有新技术行业，因此又称美国科技股指数。

　　通常所说的纳斯达克指数特指纳斯达克综合指数，它包含5 000 家上市公司，代表各个工业门类上市公司的市场走势。因此较道琼斯工业指数、标准普尔 500 指数，纳斯达克指数容纳度更高，综合性更强。

　　目前国内与纳斯达克指数相关的基金有国泰纳斯达克 100 指数（代码：160213）、国泰纳斯达克 100ETF（代码：513100）、广发纳斯达克 100 指数 A（代码：270042）、广发纳斯达克 100ETF（代码：159941）、大成纳斯达克 100（代码：000834）、华安纳斯达克 100 指数（代码：040046）。

第 7 章

基金也有顶和底

顶、底互搏术

技术分析和基本面分析是判断指数基金顶和底的两大辅助工具。

众所周知，资本市场走向是国家经济的晴雨表。换句话说，一些宏观基本环境的变化会影响市场价格走势。在这里我要告诉大家，作为一名指数基金投资者，应该关注影响价格走势的各种因素。

这是一个非常复杂的问题，指数基金价格的涨跌是千万因素影响的最终集合，但并不是每个因素都会对价格走势起主要作用。

"挽弓当挽强，用箭当用长。"投资者不可能掌握所有影响因素，更不可能把每种因素都理解透彻。

这里有几个方法，我们可以忽略影响价格的次要因素，把握主要因素，进而判断顶部和底部区间。

投资者做不到知一万毕，选择不畏浮云遮望眼，忽略各种因素对股价的影响，直接分析价格也是不错的选择，这就是技术分析的范畴；如果探究影响价格的各种因素，就会涉及基本面分析。

在资本市场中，技术分析和基本面分析属于两大类别。

技术分析以价格、量能、时间、空间等因素作为研究对象，通过价格历史变动轨迹寻找规律，试图预测价格未来走势，跟随趋势，最终达到获利目的。

价格走势是市场千万因素的集合，之所以能够在价格波动中达成交易，是因为买卖双方对标的内在价值的不同看法：买的人认为被低估了，卖的人认为被高估了，买卖双方最终达成一致。

为什么能够通过价格判断顶和底呢？因为市场里所有的参与者都是普通人，散户包括机构投资者在内，面对市场涨跌都会产生恐惧和贪婪。

当你情绪崩溃的时候，市场上的其他人也会崩溃；当你欣喜若狂的时候，一定也有无数人跟你一样狂热。当这种狂热体现到价格中，顶部和底部自然就产生了。

基本面分析则是从宏观环境、行业环境、公司经营等角度出发，试图寻找那些被错误定价的标的，为投资决策提供依据。

中国的资本市场并非完全有效市场，也就是说价格并不是完全靠得住的。我们现在已经是全球第二大资本市场，但市场成立时间相对较晚，制度设计还有不完善的地方，投资者尚不成熟，投资者中散户比重大，追涨杀跌严重。

从理论上看，在不完全有效市场，掌握信息优势、资金优势、渠道优势的人能获得超额利润，普通投资者只能通过捕捉不完全有效市场导致的错误定价，从低估或高估的标的中获利。

基本面是影响价格走势的内在动力和内生因素，基本面走势深刻影响着价格走势。从这个角度看，基本面分析至少影响着技术分析的对象。

如果说技术分析是从市场本身出发，那么基本面分析就是从影响价格的宏观因素、行业因素出发，对宏观环境和政策、具体行业和公司进行研究。

在完全有效市场中，两种分析方法均能给出合理定价，最终定价结果也会高度相关并趋于一致。

条条大路通罗马。成熟的投资者会将两种分析方法的精髓铭记于心，在不同的情况下"分心二用"、得心应手。

技术分析和基本面分析没有优劣好坏之分，只有掌握程度和运用熟练程度的不同，它们都不会影响最终的操作结果。只要能弄清楚其内在逻辑，掌握其精髓，它们都能为我所用。

前面介绍了一些与技术分析相关的定投策略。既然技术分析和基本面分析同样重要，那么就要"两手抓"，且"两手都要硬"。

在市场面前，人人都是小学生，只要有利于盈利，任何方法都不要轻易拒绝了解。技术分析和基本面分析都可以单独使用，也可以结合使用。在指数基金投资中,技术分析和基本面分析应该相辅相成,它们可以相互验证,帮助提高操作的成功率。

基本面分析中有很多方法,主要有定量分析和定性分析。定量分析涉及一些数据,比如依据 GDP 增速、货币供应量、CPI、企业主营业务收入、费用、净利润等因素,来判断盈利能力、成长能力、现金流情况等指标。

数据相对价格具有滞后性,投资仅从这些数据出发是万万不行的。投资需要在数据公布之前,把握经济运行的逻辑和脉搏,从宏观上对资本市场进行把握。

投资指数基金可以不被任何外界因素影响,"闷头"定期定额投资,也可以抬头看看基本面,厘清宏观形势,做到心中有数。

基本面分析的优点是可以从宏观上把握价格的走势,缺点是时间跨度长,预判精度低,对短线投资者的帮助小于对长线投资者的帮助。对于需要长期投资的指数基金投资者来说,基本面分析可以忽略公司,研究行业板块指数,指导投资。

接下来,从基本面和技术面出发,介绍一些判断指数基金顶和底的分析方法。

市场上资金的供求关系会直接影响价格走势,因此要关注货币供应量及货币政策与相关指数的关系。技术分析手段同样可以用到指数基金的投资上,运用背驰方法判断顶和底的成功率较高,指数基金投资者应该了解一下。

市盈率所处的相对位置，是判断指数历史估值高低的重要指标。此外，可转换债券指数的走势，也对判断上证指数的顶和底有所帮助。

走势要看"水龙头"？

任何资产价格的上涨，一定与货币供应量有着某种联系。然而，仅知道一个货币供应量指标是远远不够的。

知其然，还要知其所以然。弄清楚股票指数和指数基金价格上涨的原因，对投资有非常大的帮助。股票指数和指数基金的波动除了受宏观经济走势的影响外，还受到货币政策的影响。其中最主要的就是货币供应量这个"水龙头"。

众所周知，资本市场是由资金推动的市场，市场上流动性的供需矛盾对市场涨跌起到至关重要的作用，一旦缺少资金，资本市场就会像无源之水、无本之木，失去生机和活力；相反，资金供给过大，就会造成指数疯狂上涨。

通常的观点认为，货币供应量的增长推动股票指数的上涨，供应量越大，指数涨幅越高。

股票指数与相应的指数基金在极小的偏离度和跟踪误差下，二者像同卵双胞胎一样高度相似。货币供应量的增长对股票指数的影响效果，几乎可以看成货币供应量对指数基金走势的影响。

因此，投资指数基金一定要关注货币供应量。

货币供应量的增加通常被投资者称为"放水"，投资指数基金要看"水龙头"。货币供应量对指数及指数基金的影响，听起来似乎有些道理。

首先，在货币需求一定的情况下，货币供应量的增加会导致利率水平下降，企业的融资成本和财务成本也会随之降低，成本的降低最终会反映在上市公司的利润报表上，进而推动股价和股票指数的上涨。

其次，在股票数量一定的前提下，货币供应量的增加，会增加投资者对股票的需求，打破原来的供需平衡关系，进而推动股票价格和股票指数的上涨。

再次，在资产组合理论中，货币供应量的增加会导致组合中货币持有量的增加，原有的资产配置比例及收益率会受到影响，在替代效应下，投资者会追求收益率更高的股票及股票指数。此外，为了维持最优组合，投资者必须调整货币、股票等资产的配置比例，以达到均衡状态。最终，组合中购买股票的资金量会增加，导致股价及股票指数的上涨。

最后，货币供应量的增加，必定导致商品价格名义上的上涨，股票指数和指数基金作为重要的资产，价格也会上涨。

自 1996 年 3 月底以来，上证指数、狭义货币供应量、广义货币供应量整体呈上涨趋势，货币供应量的上涨速度明显快于上证指数的增长速度。

按照上面的理论，强行说上证指数的涨幅和货币供应量有关，货币供应量的增长带动股票指数的上涨，未免有些牵强。23 年来，货币供应量增长了几十倍，但上证指数增长不到一倍，货币供应量的增长速度明显快于上证指数的涨幅。上证指数的涨跌的确受货币供应量的影响，但从长期上看，这种影响微不足道。

难道货币供应量对股票指数、指数基金价格影响的理论是错误的？

当然不是。

按照静态的思维思考货币供应量与股票指数、指数基金的关系，很容易得到似是而非的答案。在投资这个千变万化的行为中，我们应该摒弃静态思维，用动态思维看待货币供应量（M1、M2）与股票指数、指数基金的关系。

通常，这两个数据代表货币供应量的不同维度。M1 是核心，代表流通中的现金及单位活期存款，一般代表实际购买力。M2 除了有 M1，还包括定期存款等项目。M2 不仅代表实际购买力，还代表未来可能的购买力；M1 增速慢，说明消费市场低迷，人们更愿意投资；M2 增速慢，说明投资市场萎靡不振，人们更愿意消费或持有现金。

M1 与 M2 的增速还有一个差值问题，金融业的行话叫"剪刀差"。当 M1 的增速大于 M2 的增速时，活期存款增速大于定期存款增速，说明未来盈利能力好，企业和居民的投资意愿强，企业和居民更愿意持有流动性更强的活期存款。这种情况下，一般经济形势较好，资金更容易流入股市，导致股票指数和指数基金价格上涨。

当 M1 的增速小于 M2 的增速时，活期存款增速小于定期存款增速，说明未来投资机会少，经济形势差。企业和居民的投资意愿降低，更愿意把钱存成定期存款，资金更容易从股票市场流出，股票指数和指数基金价格下跌。

图 7-1 说明了上证指数走势与 M1-M2 增速差的问题。从图中可以明显看出，上证指数的走势基本与 M1-M2 增速差走势一致，二者相关性非常高。

图7-1　上证指数与M1-M2增速差（1998年1月—2019年5月）①

注：—上证指数 —M1-M2增速差

————————

① 数据来源：http：//value500.com/M1.asp。

影响上证指数走势的不是货币供应量，企业和居民手中的活期存款、定期存款增速差值的变化，才是影响上证指数走势的重要因素。

关注股票指数和指数基金的走势，要看货币供应量的增长速度及它们的差值。明白了它们的相互关系，对投资指数基金最直接的作用就是利用 M1–M2 的增速差预判指数的顶部和底部，增加择时定投的正确率。

从图 7–1 明显可以看出，当 M1–M2 的增速差为 –8% 左右时，上证指数开始见底，此后随着增速差的回升，上证指数开始反弹；除了 1998 年 1 月到 2003 年 7 月，M1–M2 增速差领先于上证指数见顶以外，其他时间 M1–M2 增速差见顶或见底的时间总是落后于上证指数，虽然此时根据增速差无法预测指数的顶和底，但可以对顶和底进行辅助判断，增加预判的准确率。

关于货币供应量与股票指数、指数基金长期关系的解读，与之紧密相关的另一个问题是，"放水"的货币政策是用来救市的吗？

"放水"与救市

货币政策和货币供应量的增减速度都由中国人民银行（简称央行）掌控，投资者亲切地称央行为"央妈"。央行手中有几大法宝——存款准备金制度、公开市场操作、再贴现政策、利率政策、贷款市场报价利率，它们能调节市场上的货币供应量。

　　——存款准备金率提高，商业银行需要向央行缴存更多的准备金，可放贷的资金就会减少，进而导致供给减少，资金的使用成本上升。资本市场是资金最大的去处之一，所以一旦上调存款准备金率，对股票指数和指数基金的走势是利空的。相反，则利好。

　　——央行经常通过在市场上公开买卖证券的方式，来达到释放或收紧货币资金的目标。央行在公开市场上通过买进证券注入流动性，刺激经济、股票指数及其基金上涨；当市场上资金量显著增加，经济过热时，央行就会在公开市场上卖出证券收紧流动性，抑制过热的经济，此时股票指数及其基金价格就会下跌。

　　——再贴现业务是商业银行在"钱不够花"的时候，将手里的票据"抵押"给央行，央行以低于票面价值的价格买进票据，释放流动性。央行提高再贴现率时，相当于压缩了商业银行向央行办理再贴现业务能获得的现金，这样流向资本市场的货币数量就会减少，股票指数价格下跌。相反，就会增加货币流通量，股票指数上涨。

　　——如果上述三个工具是央行调节经济的三大法宝，那么利率政策对经济的影响就像游戏中的角色使用法宝加上技能产生的效果。利率政策的调整是对资本市场影响最强、最直接的一味药。

　　从微观上讲，央行的基准利率水平在整个金融市场中有着最核心的地位，它会引起金融市场较大的波动。利率水平的提高，对于股票指数、指数基金来说是利空。反之，则是利好。

——贷款市场报价利率（简称 LPR），它是向优质客户执行的贷款利率，它的升降也代表了利率的升降。它是央行授权同业拆借中心公布的，在贷款市场报价利率基础上加减点确定的利率。

LPR 上升，贷款利率上调，市场上将出现资金紧张的预期，可能导致股票指数及指数基金价格下降。反之，则会上升。

每次货币政策的变动都会对股票指数及指数基金的价格走势产生重大影响。在熊市时，货币政策甚至被投资者当成救市"神器"。

在 2015 年股灾甚至是每次股市大跌的时候，市场上都有不少高呼"'央妈'降准降息来救市"的声音。存款准备金和利率短期真能救市吗？它们对股票指数和指数基金的走势有何影响？

从 2015 年 6 月 12 日到 6 月 26 日，仅仅 10 个交易日，上证指数下跌幅度超过了 18%，创业板指数下跌幅度已经超过 24%！A 股市场的所有股票开始从牛市转向熊市，很多投资者的账户亏损幅度超过 40%。

有人说，此时唯一能帮助投资者的只有央行，只要央行出台降低存款准备金率或者降低利率的政策，就能挽救下跌的颓势，刺激股市上涨。

央行出台降准和降息的政策，真的会让指数止跌，刺激股市上涨吗？这是股民一厢情愿的想法还是事实如此？

从表 7-1 中可以看到，自 2007 年 8 月 22 日至 2015 年 8 月 26 日，央行 12 次（2008 年 9 月只下调了贷款利率）下调存贷款利率，消息公布后的第二个交易日只有 5 次指数出现了不同程度的上涨，上涨的概率仅为 41.7%。在同一时期，央行有 8 次上调存贷款利率，其中有两次第二天股指出现了不同程度的下跌，下跌的概率仅仅为 25%。

表7-1   2007年8月—2015年8月央行历次降息时间表

数据上调时间	存款基准利率			贷款基准利率			次日指数涨跌	
	调整前	调整后	调整幅度	调整前	调整后	调整幅度	上证指数	深证指数
2015 年 08 月 26 日	2.00%	1.75%	-0.25%	4.85%	4.6%	-0.25%	5.34%	3.58%
2015 年 06 月 28 日	2.25%	2.00%	-0.25%	5.10%	4.85%	-0.25%	-3.34%	-5.78%
2015 年 05 月 11 日	2.50%	2.25%	-0.25%	5.35%	5.10%	-0.25%	1.56%	0.81%
2015 年 03 月 01 日	2.75%	2.50%	-0.25%	5.6%	5.35%	-0.25%	0.79%	1.07%
2014 年 11 月 22 日	3.00%	2.75%	-0.25%	6.00%	5.6%	-0.4%	1.85%	2.95%
2012 年 07 月 06 日	3.25%	3.00%	-0.25%	6.31%	6.00%	-0.31%	-2.37%	-2.00%
2012 年 06 月 08 日	3.50%	3.25%	-0.25%	6.56%	6.31%	-0.25%	1.07%	1.47%
2011 年 07 月 07 日	3.25%	3.50%	0.25%	6.31%	6.56%	0.25%	0.13%	0.09%
2011 年 04 月 06 日	3.00%	3.25%	0.25%	6.06%	6.31%	0.25%	0.22%	1.18%
2011 年 02 月 09 日	2.75%	3.00%	0.25%	5.81%	6.06%	0.25%	1.59%	3.07%
2010 年 12 月 26 日	2.50%	2.75%	0.25%	5.56%	5.81%	0.25%	-1.90%	-2.02%
2010 年 10 月 20 日	2.25%	2.50%	0.25%	5.31%	5.56%	0.25%	-0.68%	-0.14%
2008 年 12 月 23 日	2.52%	2.25%	-0.27%	5.58%	5.31%	-0.27%	-1.76%	-1.61%
2008 年 11 月 27 日	3.60%	2.52%	-1.08%	6.66%	5.58%	-1.08%	-2.44%	-0.37%

数据上调时间	存款基准利率			贷款基准利率			次日指数涨跌	
	调整前	调整后	调整幅度	调整前	调整后	调整幅度	上证指数	深证指数
2008 年 10 月 30 日	3.87%	3.60%	−0.27%	6.93%	6.66%	−0.27%	−1.97%	−1.15%
2008 年 10 月 09 日	4.14%	3.87%	−0.27%	7.20%	6.93%	−0.27%	−3.57%	−5.52%
2008 年 09 月 15 日	4.14%	4.14%	—	7.47%	7.20%	−0.27%	−4.47%	−0.98%
2007 年 12 月 21 日	3.87%	4.14%	0.27%	7.29%	7.47%	0.18%	2.60%	2.05%
2007 年 09 月 15 日	3.60%	3.87%	0.27%	7.02%	7.29%	0.27%	2.06%	1.54%
2007 年 08 月 22 日	3.33%	3.60%	0.27%	6.84%	7.02%	0.18%	1.05%	1.77%

数据显示的结果和大多数人的认识大相径庭。在短时间内，央行的降息政策不但没有形成利好因素刺激股票指数上涨，在大多数情况下反而会使股票指数下跌。

央行利率政策调整后，指数次日的表现如此，那么存款准备金率调整后股市会如何表现呢？会不会也打破了我们自以为是的常识呢？

从表7-2可以看到，自2007年7月30日至2015年8月25日，央行11次（2008年9月15日只针对中小金融机构）下调存款准备金率，其中只有两次上证指数在第二天出现了小幅上涨，上涨概率仅为18.2%。同期，央行22次（2010年1月到5月的调整只针对大型金融机构）提高存款准备金率，其中上证指数在第二天有11次出现下跌，下跌概率为50%。

表7-2   2007年7月—2015年8月央行历次降准时间表

| 公布日 | 大型金融机构 | | | 中小金融机构 | | | 次日指数涨跌 |
	调整前	调整后	幅度	调整前	调整后	幅度	上证指数
2015 年 08 月 25 日	18%	17.5%	−0.50%	14.5%	14%	−0.50%	−2.92%
2015 年 06 月 27 日	18.5%	18%	−0.50%	15%	14.5%	−0.50%	−3.34%
2015 年 04 月 19 日	19.5%	18.5%	−1.00%	16%	15%	−1%	−1.64%
2015 年 02 月 04 日	20%	19.5%	−0.50%	16.5%	16%	−0.50%	−1.16%
2012 年 05 月 12 日	20.5%	20.0%	−0.50%	17%	16.5%	−0.50%	−0.59%
2012 年 02 月 18 日	21%	20.5%	−0.50%	17.5%	17%	−0.50%	0.27%
2011 年 11 月 30 日	21.5%	21%	−0.50%	18%	17.5%	−0.50%	2.29%
2011 年 06 月 14 日	21%	21.5%	0.50%	17.5%	18%	0.50%	−0.90%
2011 年 05 月 12 日	20.5%	21%	0.50%	17%	17.50%	0.50%	0.95%
2011 年 04 月 17 日	20%	20.50%	0.50%	16.50%	17.00%	0.50%	0.22%
2011 年 03 月 18 日	19.50%	20.00%	0.50%	16.00%	16.50%	0.50%	0.08%
2011 年 02 月 18 日	19.00%	19.50%	0.50%	15.50%	16.00%	0.50%	1.12%
2011 年 01 月 14 日	18.50%	19.00%	0.50%	15.00%	15.50%	0.50%	−3.03%
2010 年 12 月 20 日	18.00%	18.50%	0.50%	14.50%	15.00%	0.50%	1.41%
2010 年 11 月 19 日	17.50%	18.00%	0.50%	14.00%	14.50%	0.50%	0.81%
2010 年 11 月 10 日	17.00%	17.50%	0.50%	13.50%	14.00%	0.50%	1.04%
2010 年 05 月 02 日	16.50%	17.00%	0.50%	13.50%	13.50%	0.00%	−1.23%
2010 年 02 月 12 日	16.00%	16.50%	0.50%	13.50%	13.50%	0.00%	−0.49%
2010 年 01 月 12 日	15.50%	16.00%	0.50%	13.50%	13.50%	0.00%	−3.09%
2008 年 12 月 22 日	16.00%	15.50%	−0.50%	14.00%	13.50%	−0.50%	−4.55%

续表

公布日	大型金融机构			中小金融机构			次日指数涨跌
	调整前	调整后	幅度	调整前	调整后	幅度	上证指数
2008 年 11 月 26 日	17.00%	16.00%	−1.00%	16.00%	14.00%	−2.00%	−2.44%
2008 年 10 月 08 日	17.50%	17.00%	−0.50%	16.50%	16.00%	−0.50%	−0.84%
2008 年 09 月 15 日	17.50%	17.50%	0.00%	17.50%	16.50%	−1.00%	−4.47%
2008 年 06 月 07 日	16.50%	17.50%	1.00%	16.50%	17.50%	1.00%	−7.73%
2008 年 05 月 12 日	16.00%	16.50%	0.50%	16.00%	16.50%	0.50%	−1.84%
2008 年 04 月 16 日	15.50%	16.00%	0.50%	15.50%	16.00%	0.50%	−2.09%
2008 年 03 月 18 日	15.00%	15.50%	0.50%	15.00%	15.50%	0.50%	2.53%
2008 年 01 月 16 日	14.50%	15.00%	0.50%	14.50%	15.00%	0.50%	−2.63%
2007 年 12 月 08 日	13.50%	14.50%	1.00%	13.50%	14.50%	1.00%	1.38%
2007 年 11 月 10 日	13.00%	13.50%	0.50%	13.00%	13.50%	0.50%	−2.40%
2007 年 10 月 13 日	12.50%	13.00%	0.50%	12.50%	13.00%	0.50%	2.15%
2007 年 09 月 06 日	12.00%	12.50%	0.50%	12.00%	12.50%	0.50%	−2.16%
2007 年 07 月 30 日	11.50%	12.00%	0.50%	11.50%	12.00%	0.50%	0.68%

　　通过上面两组数据的分析，我们可以发现：央行上调利率或者存款准备金率，上证指数在第二个交易日不但不会下跌，大多数情况下反而会出现上涨的走势；央行下调利率或者存款准备金率，上证指数在第二个交易日不但不上涨，大多数情况下反而出现下跌的走势。一次两次可能是偶然，可这样的情况已持续了 8 年。

　　金融学教材上说，存款准备金率、利率的调整与股票指数的走势呈反向关系。难道这样的常识在现实中是错误的？既然事实如此，投资者口中的"央妈"还是"亲妈"吗？

为什么很多时候"央妈"总是在市场表现特别差、股民亟须拯救的时候出台调整存款准备金率或者利率的政策呢？

资本市场是金融市场的一部分，而金融市场在整个国民经济体系中也仅仅是一个方面而已，国民经济政策的制定和实施从来都是着眼于整体而非其中单一的市场，如果这个市场出点儿事情"央妈"要救，那个市场动荡一点儿"央妈"要救，岂不乱了套？

请记住，央行制定货币政策的目标是保持币值的基本稳定，促进充分就业和经济增长，而不仅是拯救股市里的散户。

至于为什么央行在 2015 年 6 月 27 日公布"双降"的政策，大家看一下 2015 年上半年的经济数据就知道答案了。

从《中国经济时报》发表的《2015 年上半年经济形势分析与全年展望》中可以看出，传统的重化工行业调整的幅度很大，部分省市的财政收入乏力，以增加基础设施投资来稳增长的作用逐渐减弱，而在进出口贸易中，出口增长的速度明显低于预期。从整个上半年经济运行的情况来看，经济运行的效益没有得到明显的好转，甚至存在通缩下行的风险。

在这种情况下，央行难道不应该出台一个政策来刺激经济吗？如果"'央妈'降准、降息不是为了救市"的说法对散户来说有点儿残酷，非要和股灾扯上点儿什么联系，最多只能算碰巧了。

即使不出现股灾，想必这样的经济政策也照样会出台。

无论是货币供应量增速差，还是货币政策的调整，这些都是影响市场走势的因素之一，相对其他因素，只是影响程度大小不同罢了。指数和指数基金真正的顶部和底部判断，还要从它们自身的走势入手。

历史大顶、大底的判断

如果投资者能够判断指数及指数基金的历史顶部、底部，在定投的基础上主动出击，不仅能提高胜率，也能增加利润。其实，从技术分析角度和可转债指数角度也可以对历史顶部和底部进行初步判断。

技术分析判断

在技术分析中，通过背驰判断顶和底是最有效的方法之一。所谓背驰，用简单的话说，就是走势力度的衰减。一鼓作气，再而衰，三而竭。在市场中，一旦后面的走势弱于前面的走势，背驰就会出现。

用一个形象的例子说明。背驰的走势形态看起来就像一个大写的英文字母"N"，无论是"涨跌涨"还是"跌涨跌"，只要后面的涨跌比前面的涨跌力度小，就可以认为背驰发生了，历史顶部或者底部出现的概率高。

涨跌力度的大小如何判断？

以下跌为例，一是在价格空间上，后面一段走势下跌的力度比前面一段走势小，但价格创了新低；二是在时间上，后面一段走势的下跌力度比前面一段下跌时间短；三是下跌斜度，后者小于前者。

一旦出现这种走势，我们就说背驰出现了。反之，则是上涨过程中的背驰出现。对于指数基金定投而言，底部背驰出现时则可以加大定投力度跑步进场，顶部背驰出现时则要考虑逐步兑现利润减仓出局。

当这种情况发生在周线、月线、季线走势中时，背驰发现的顶部、底部一般为历史大顶、大底的概率高，再加上 MACD 指标的辅助判断，准确性会再上一个台阶。

图 7-2 是上证 50（代码：000016）在 2011 年 2 月 18 日至 2014 年 9 月 5 日的周线走势图。按照刚才的理论，图中可以划分出有两个背驰走势，分别为 AB-BC-CD、EF-FG-GH。

在 AB-BC-CD 中，CD 段的走势与 AB 段相比，下跌力度在时间和空间上明显弱于前者，此时价格创了新低，下方 MACD 指标反而在不断升高，证明此时背驰已经发生，此处是底部的概率极高，应该加仓进场。后期的走势也证明了上述理论，上证 50 在此后的四个多月反弹超过 32%。

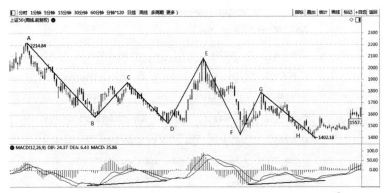

图7-2　上证50的底部判断（2011年2月18日—2014年9月5日）①

同样的道理，在 EF-FG-GH 中，GH 的下跌时间、空间、斜度均小于 EF，价格创了新低，下方 MACD 指标也在不断升高，证明背驰再次出现，底部近在咫尺，应该加仓进场。

为了对比一次性买入、定投、判断顶和底后买入的效果，我们以图中 A-H 为考察期，分别计算说明。

整体看，A-H 的走势呈下降趋势，如果一次性买入、卖出，亏损跌幅高达 33%。按照前几章讲的定投策略投资，持仓成本必定会降低，但账户盈亏仍会是负数。

下面我们模拟定投过程，看一下最终结果（见图 7-3）。

_____

① 数据来源：招商证券。

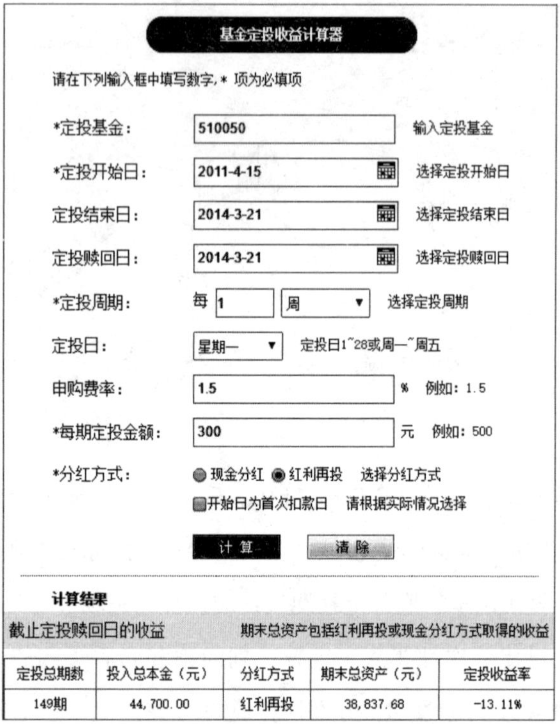

图7-3 华夏上证50ETF基金定投计算结果（2011年4月15日—2014年3月21日）[1]

从 2011 年 4 月 15 日开始，按照定期定额的方式，每周五定
投华夏上证 50ETF（代码：510050），每期定投金额为 300 元，按
照申购费率 1.5%、红利再投资的方式计算，到 2014 年 3 月 21 日，
总共定投 149 期，投入总本金为 4.47 万元，期末总资产约为 3.88

---

[1] 数据来源：东方财富网基金定投收益计算器。

万元，三年半时间亏损 13.11%。

显而易见，定投比一次性买卖亏损幅度更小。定投摊薄了整体成本，降低了亏损幅度，但仍难以消除指数下跌对账户造成的损失。

定投方案换成智能定投，在低位时加仓，在高位时减仓，效果肯定比定投好，但也不会起到扭亏为盈的效果。

在普通定投的基础上，辅助本节所讲的判定历史顶部和底部的方法，在低位时加仓进场，肯定更能降低持仓成本，在低位获得更多筹码，当价格上涨时尽早地、最大可能性地盈利。

这样做面临的一个问题是：如何判断背驰的发生，准确把握加仓时点成了关键。

加仓时点过早，还将继续承担下跌风险；加仓时点过晚，将错过低价买进机会、错过收集更多筹码的机会。

如何准确找到背驰的点，其实有一套非常严密、准确的理论，按照区间套的方法，甚至可以从周线具体到一笔交易明细，明确指出这个点只要有价格就会发生背驰，指数即将迎来反弹。

有的读者可能已经发现，MACD 指标可以辅助判断背驰，当然也可以辅助判断加仓时机。

当价格创新低但 MACD 黄白线没有新低时，请注意行情走势，一旦发现后一段的下跌力度、空间、斜度比前一段小，而且此时 MACD 黄白线出现金叉，就应该加仓。

以上可以总结为：价格新低后而 MACD 黄白线没有新低，当黄白线出现金叉时加仓。

这里教给大家一个小技巧，当黄白线一旦出现金叉，指标的红柱子就会出现，此时就可以加仓了。加仓的停止时间点为 MACD 的慢线上穿零轴的时点。此后，加仓停止，按照之前的正常定投节奏继续投资即可。

解决了加仓开始时间点、结束时间点的问题，接下来是加仓多少的问题。理论上，加仓信号出现后，低位加仓越多、收集的低价筹码越多，降低持仓成本的作用就越大，但这只是理论上的可能。

会不会出现加仓后一直低位震荡的走势呢？

证券公司的观点可以作为参考：

当 A 股处于万得全 A 估值水平 16.72 倍、历史 31.6% 分位时买入。处于下行周期时，需要约 8.86 个月到达市场底部，此位置距离底部下跌空间有 20.89%，从底部修复至买入水平只需要 3.64 个月；处于上行周期时，买入后到周期顶点的涨幅约为 39.85%，持续时间达 4.48 个月。[①]

由此可见，投资要看理论，更应该注重现实，比如收支情况、现金流状况、投资经验、风险承受能力……甚至包括判断失败的可能性。

---

① 吴玉华，《北上资金重点增持 29 股"深强沪弱"格局延续》，《中国证券报》，2019 年 8 月 26 日。

可转债指数辅助判断

除了利用技术分析方法判断指数及指数基金的顶和底外，也有其他方法进行辅助判断。其中有一个非常小众的投资品种 —— 可转换债券，也可以辅助判断上证指数的顶和底。

可转换债券具债券、股票以及期权的多重属性，在熊市中能保本，在牛市中能获得风险收益，被称为"能保本的股票"。

学者专门针对这个问题利用协整分析法结合格兰杰因果关系检验进行了研究，运用 HULM 算法对可转债指数的收益率时间序列数据进行分类拟合、预测。[1]

研究的过程很枯燥，在这里告诉大家结论，直接运用到指数基金定投中即可：可转换债券指数的收益率走势先于上证指数，即可转债指数见顶后上证指数才见顶，可转债指数见底后上证指数才见底。

这个结论能否经得起现实考验呢？

我们可以从历史走势中寻找答案。将中证转债（代码：000832）叠加到上证指数走势图上（如图 7-4 所示），即可用历史数据回测，辅助验证上面的结论。

---

[1] 高博文、倪际航等，《基于 HULM 的可转换债券和股票收益率研究》，《数学的实践与认识》，2018 年 8 月第 48 卷第 16 期。

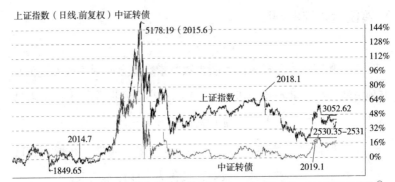

图7-4　上证指数与中证转债的走势对比图（2012年9月12日—2019年8月底）①

　　在 2015 年上证指数、2018 年 1 月初上证指数暴跌开始之前，中证转债指数已经先于上证指数见顶并开始下跌；在 2014 年牛市、2019 年上半年小牛市开始之前，中证转债指数已经触底反弹。

　　这个研究给投资者提供了一个新的视角，可通过可转债指数的走势和上证指数的关系进行操作：可转债指数见顶后，赎回指数基金，规避风险；可转债指数见底后，开始定投指数基金，并且加大定投力度，抢收低价筹码，等待行情反转。

　　以上两种方法均在用定投策略的基础上，对指数及指数基金的顶和底进行判断，底部加仓抢筹行为是更激进的操作方式，投资者需要结合自身情况综合把握，须知任何收益永远有风险伴随。

　　包括本书在内的任何策略，都不能保证百分之百盈利。学会

① 数据来源：招商证券。

了理论，需要在实战中勤学多练，熟悉每个环节和细节。投资者只有对应历史走势多总结、多反思，这些策略才能逐渐为自己所用。

市盈率找到底部区间

巴菲特曾说："要在别人贪婪时恐惧，在别人恐惧时贪婪。"

什么时候别人最容易恐惧？当然是熊市！

熊市普遍杀跌，甚至很多标的被错杀、低估，因此人们常说"熊市遍地是黄金"。尽管如此，但不是所有人都能准确找到这些金子，有人甚至会不幸踩到地雷。

如何避免踩雷，找到这些被低估的真金白银呢？

这里介绍基本面分析中最常用的指标——市盈率，通过它找到指数的底部区间，帮助投资者提升定投指数基金的胜算。

首先要明晰一个问题：低价就一定被低估吗？

价格高低只是一个相对概念，价格下跌或者相对低了，并不代表估值便宜。2019 年 3 月下旬乐视网股价从最高每股 179 元到了每股 3 元多，价格下跌了 98.5%，但仍旧没有被低估，未来仍有退市的风险。同一时期，中国平安的股价虽然每股高达 74 元，但业绩仍在快速增长，市盈率只有 12.7 倍，能说这样的价股高吗？

同样的道理，投资指数基金不能只看价格高低，而应该关注它的相对估值：估值高了，就应该停止定投，逐步兑现利润；估值低了，就要定投入场。

目前有很多判断价值高低的方法，最常用的有现金流贴现模型、市盈率、市净率、市现率等，各种估值方法并没有优劣之分。这里抛砖引玉，提供用市盈率法判断指数估值高低的思路。

其实，对于给出一个标的的准确估值这件事，连巴菲特也没有明确的公式。的确如此，有时候很多答案不一定需要一个精确的数字。如何给股票估值不是一门科学，更像一门艺术，就像欣赏一件美好的事物，一眼看上去知道它是美的就可以了，不用具体询问它的作者、年代、地域等具体信息。

与其被如何为指数精确估值困扰，不如努力寻找它的安全边际，从概率上降低风险，提高成功的概率，以达到预期收益。

用市盈率寻找指数的安全边际，就像汽车有了安全气囊一样，即便出现车祸，也能保障驾驶员的生命安全。

简单介绍一下市盈率，它是股票价格与每股盈利的比值，一般代表多少年可以拿回全部股票成本。

一只股票的市盈率为10，那么持有10年后的成本将变为零；如果市盈率是100，时间将变为100年。市盈率越小，收回投资的周期越短，一般认为风险越小，股票的可投资价值越大。

市盈率指标不能完全说明问题，与任何投资方法一样，需要将其放到一个系统内。一是对同行业上市公司不同市盈率进行横向比较，市盈率越低的上市公司的股票越值得持有；二是根据指数历史市盈率，判断此时指数所处的历史相对位置，评估其估值高低。

第一种方法对股民投资来说大有裨益，感兴趣的读者可以深入研究，这里只讲和投资指数基金有关的第二种方法。

如果指数目前的市盈率所处的位置相对较低，甚至是历史低点，那么此时指数被低估的概率较高，它所对应的指数基金安全边际高，处在底部的概率高，可以放心投资。反之，则该指数被高估的概率高，需要停止定投，逐步兑现利润。

需要强调一下，以下分析只作为案例讲解、思路参考，并不能作为决策依据，投资是一个科学且复杂的过程，不可能仅凭一个指标定"生死"。

这个方法好不好用，首先要看能不能经得住历史数据的回测检验。下面用加权市盈率代替市盈率，来看两个指数的案例。

截至 2019 年 3 月 22 日收盘，上证指数较 1 月 4 日的低点涨幅已达到 26%；创业板指数较 1 月 31 日启动点上涨 37.6%。众所周知，对于 β 系数较高的板块指数，在这两个多月里，涨幅应该在 52%~100%，市场上很多标的在两个月走出翻番行情也就不足为奇了。

指数的上涨并没有让所有人赚钱，很大一部分投资者是熊市思维，处于空仓状态。此外，随着指数和个股的大幅上涨，已经有很多板块和个股不便宜了，甚至已经超过了历史平均水平。

对于他们而言，哪些被高估的指数需要规避，哪些被低估的指数需要关注才是当下最重要的问题。

从图 7-5 看，证券公司（代码：399975）的加权市盈率已经超过 2013 年以来的均值水平，当下的加权市盈率比 89% 的时期都要高。虽然未来相关上市公司的股价可能继续上涨，但从当下的估值可以得知，指数已经不便宜了，价格再往上涨则应该卖出，而不是买进。

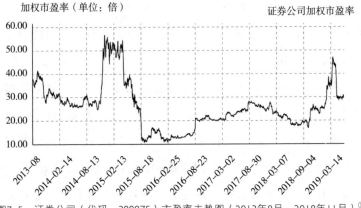

图7-5　证券公司（代码：399975）市盈率走势图（2013年8月—2018年11月）①

这样的判断思路，对应到指数基金的操作上，就应该不再定投证券板块相关的指数基金，而是要逐步赎回基金份额，兑现利润。

---

① 数据来源：果仁网，https://guorn.com/。

如何寻找低估值的板块和指数呢？也可以用类似的方法。

通过继续查询数据，我们可以看中证 500（代码：399905）的加权市盈率历史走势图（见图 7-6），发现它已经被严重低估，加权市盈率仅处在历史上 6% 左右的位置，比 94% 的时期估值都低。

市盈率（单位：倍）　　　　　　　　　　　　　　　中证500加权市盈率

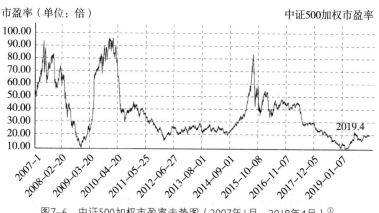

图7-6　中证500加权市盈率走势图（2007年1月—2019年4月）①

此时，指数处在底部区域的概率极高，这里开始定投与该指数相关的指数基金，可以以足够低的价格收集更多筹码。是否能够盈利、何时盈利、盈利多少不能确定，但此时进场的安全边际高，亏损的概率低。

① 数据来源：果仁网，https：//guorn.com/。

基于以上判断，应该在定投策略的基础上，结合其他辅助判断方法，加大定投力度，甚至主动出击，收集更多筹码。如此，一旦指数走出底部区间，"微笑曲线"出现，账户将很快盈利。

指数暴跌，跌到极端低点，大多投资者都会恐慌，不敢出手甚至割肉出局。但此时你一定要记住，股票指数及指数基金有股票作为支撑，股票价格有上市公司的经营及财产作为最后保障，只要公司质量过关，价格就不会跌到零。

从这个角度看，指数价格越跌，投资价值越高，因为它一定会回归，股票指数和指数基金也一定会回到正常水平。

图 7-5 和图 7-6 证实了这种思路和观点。从两个图可以看出，证券公司指数和中证 500 指数加权市盈率跌至 20 附近时，已经处于被低估状态。

行情走势最终验证了以上观点。

证券公司指数在 2018 年 10 月中旬探底后回升，从最低 466 点反弹到 897 点，5 个月涨幅高达 84%。此时加权市盈率也随之上升，在高位震荡约一个月后，指数在 2019 年 4 月开始下跌。

根据中证 500 的加权市盈率走势同样也能判断指数的走势。2008 年底、2013 年初，包括 2019 年 3 月底，中证 500 指数的加权市盈率均到了 20 附近，前两次指数出现了翻番走势，这次会不会继续复制神话呢？

2019 年 1 月初，上证指数跌至 2 400 点附近，此时的市盈率为 11 倍左右，低于 2015 年股灾时低点的水平，与 2014 年 5 月牛市启动前的 10 倍左右只有一步之遥。从历史市盈率的情况可以看出，此时悲观的预期虽然已经蔓延到市场，但投资者恰恰应该在别人恐惧的时候贪婪，至少应该买入相关指数基金。

后来的行情想必大家都知道了，上证指数在此后 60 多个交易日走出了一段超过 30% 的涨幅。

用类似方法，可以发现中证医药、中证传媒、国证地产指数的市盈率数值在上证指数已经上涨超过 25% 的情况下，市盈率数值仍然比历史上 80% 的时期都要小。此时根据这些板块的历史市盈率数据看，处在估值低位的中证医药、中证传媒、国证地产指数当然要比已经不再便宜的证券板块更具价值。

知己知彼，百战不殆。用市盈率方法判断指数估值相对高低，投资指数基金，有几点需要注意：市盈率相对价格有滞后性，市盈率到达高点或低点后，价格仍可能继续狂奔或暴跌；与静态市盈率相比，动态市盈率更能及时反映指数的估值；市场不存在百分之百确定的事情，市盈率到达历史低位并不代表未来价格一定会上涨，但这些数据可以作为一个参考，为决策提供一种依据。

作为投资者要知道，市盈率以及一切估值方法都要和其他分析方法配合使用，扬长避短，操作的成功率才会更高。

第 8 章

比买入更重要的事
——赎回

赎回是基金的命门

关于指数基金的投资，大多观点侧重于告诉投资者如何买入，而忽略了投资的另外一个重要环节 —— 赎回。

对于市场而言，一买一卖谓之交易。如果只强调申购买入而忽略赎回卖出，交易也是失衡的，难以达到最终盈利的目标。要知道，与申购买入相比，如何卖出、将浮盈转换为胜利的果实更重要。否则，很容易竹篮打水一场空。

申购买入是交易的开始，赎回卖出才意味着交易的真正结束，也是交易最终、最重要的一环。行百里者半于九十，最后一环出现问题，轻则徒劳无益、前功尽弃，重则损失惨重。所有投资者心里都应该有这样的理念：投资，特别对于基金交易来说，卖比买更重要。

任何投资原则中都会提到，投资要用自己的钱，切记不要加杠杆，即便在分级基金中我建议大家在牛市时买入自带杠杆的分级 B 类基金，也给出了诸多限制和风险提示。

对于基金来说，它所有的钱全部来自投资者，相当于零成本无息借来的，与普通投资者用一部分本金借钱加杠杆投资相比，基金的杠杆倍数不计其数，一次大幅回撤的影响不亚于火山喷发带来的危害。

在资本市场中，所有的投资者都只关心利益、惧怕风险。在零和市场、负和市场中他们是竞争的关系，相互没有任何信任可言。

基金的钱由万千分散的投资者集聚而来，这些钱都不是基金公司的，基金经理只是管理人而已。基金这种集聚方式是分散的，投资者可以自由赎回，没有任何凝聚力。

既然钱不是自己的，就随时可能上演"树倒猢狲散"的大戏。这种现象的导火索，就是巨额赎回。熊市中巨大基金份额的赎回，对任何基金而言都是致命的。

从资本市场现实情况出发，没有只涨不跌的市场，牛市中指数及指数基金必将出现灾难级的下跌，由此必然产生巨大的赎回潮。这种现象一旦发生，就会对不同基金造成不同程度的伤害。

市场每时每刻都在变化，投资者可以根据自己的意愿随时赎回基金份额。那么，我们要在市场下跌的时候赎回基金吗？

答案是否定的。

最优的处理方式是，投资者在市场下跌之前赎回基金。当然，这不是一件容易的事。

最简单的方法，设立止盈目标，一旦达到预期就毫不犹豫地坚决离场。

正常的投资市场中，流动性越好的基金越是首选标的，特别是开放式基金，场内交易具有流动性的优势，先进的硬件设备也提高了交易的便捷性，流动性是开放式基金的优势，但这也为巨额赎回打开了潘多拉的盒子。当这样的灾难到来时，流动性好的开放式基金反而受伤更严重。

资本市场充斥着大量理性和非理性投资者。理性投资者达到预期目标，卖出兑现利润，当抛售的量积累到一定程度，价格走势在卖出的压力下回落，非理性投资者很可能跟风操作。

投资者的非理性行为，将会对整个市场造成巨大的负的外部效应。

所谓外部效应又称外部影响，是个体或者群体的行为对另外的个体或群体产生的收益或损害。如果产生收益或帮助，第三者又不用付出成本，则为正的外部效应；如果对第三者产生损害，而自己没有承担成本，则为负的外部效应。

在资本市场中，在效用最大化指导的原则下，任何投资者的行为都应该避免产生负的外部效应。但事实并非如此简单，理性投资者赎回基金份额时，预期收益已经达到。此时必定有一部分人刚刚申购基金，他们的投资计划才刚开始，就受到理性投资者赎回行为的影响。

理性投资者的赎回行为必然导致市场上的抛售，到达一定量之后，会导致基金回撤。净值回撤到某种程度，新投资者为了控制风险也可能止损出局，这又会导致更大规模的资金流出。

负的外部效应会导致个体的理性赎回行为演变成群体的非理性行为。羊群效应下，不正常的巨额赎回潮就会发生。

理性赎回→股票指数下跌→跟风赎回→价格再次下跌→再次赎回，恶性循环就这样产生了。每个人都有趋利避害的需求，中国的资本市场中散户具有趋同性，危险来临时整个群体就像羊群一样四散而逃。巨大的赎回潮在熊市中最有可能集中爆发。

以上是由理性赎回到巨额赎回的过程，下面看一下现实情况。

基金在投资者赎回时应该做到必须满足。必须满足不代表一定有能力满足，当赎回需求不能被满足时，风险就会出现，在熊市中，这种情况更严重。

2015 年 6 月股指大幅下挫，股灾出现。6 月 26 日上证指数、深证成指、创业板指均出现当年最大单日跌幅，跌幅分别达到 7.4%、8.24%、8.91%。除了市场本身的原因外，另外一个重要的原因是 6 月 25 日基金出现巨额赎回，导致多只股票型基金跌幅超过 10%。其中，国富健康优质生活基金净值跌幅超过 16%。

这并不是故事的结局，之后多日，数只基金跌幅达到 10%。7 月 3 日，嘉实先进制造基金再次以 18.45% 的跌幅刷新了基金净值单日跌幅的历史纪录。

普通基金已经惨不忍睹，B 类分级基金因为自带杠杆，在此时下跌的速度更快。多只分级基金甚至连续跌停，上证 50B 等 18 只分级基金净值同期下跌超过 90%。

赎回的投资者或是已经止盈获利或是止损出局，真正受损失的是那些继续持有基金份额的人。因为巨额赎回的发生，他们要承受净值下跌以外的损失，巨额亏损只能由这些继续持有基金的人买单。

为了降低风险，监管方一般会要求开放式基金预留不低于基金资产净值 5% 的现金或短期国债，以备支付之需。虽然 5% 只是最低要求，但过高比例的强流动性准货币资产又会影响基金，特别是指数基金的收益和跟踪效果。为了追求收益，这种高流动性、低收益的资产配置并不会百分之百考虑所有情况。

事实上，这种保护基金持有人的规定，在 2015 年股灾期间在那几只暴跌的基金身上并未发挥明显作用。有人提出此时为了防止恶性循环，应该只允许机构客户非全部赎回。

如何权衡基金持有流动资产比例与收益之间的关系，对于任何基金管理人来说都是两难的选择。

在基金净值的考核标准下，股票型基金特别是指数基金通常会维持较低比例的流动资产，牺牲一部分流动性。

巨额赎回发生后，基金份额很难以最快的速度在市场变现，持有人只能抛售，甚至以"打折"的方式低价抛售股票、债券等资产。

面对巨额赎回风险，变卖资产是不得已而为之的次优选择，即便到了这一步，基金经理也会采取尽可能隐蔽的方式，避免自己的减持被市场察觉，造成更大的连锁反应。

折价出局又会进一步增加市场下行压力，导致指数和基金的净值进一步下跌，加上股指期货的做空套利机制，负面效应和恶性循环将出现病毒式的蔓延。

从市场的角度看，市场本身根本没有能力解决基金存在的致命问题，我们只能期待第三方提出更合理的解决方案。

为了避免巨额赎回对基金的冲击，《证券投资基金运作管理办法》（简称《管理办法》）对巨额赎回有明确的规定：开放式基金单个开放日净赎回申请超过基金总份额的10%的，为巨额赎回。

赎回数量在预留流动性范围之内时，基金管理人一般会在不影响投资策略的情况下满足其要求，一旦超出范围，基金管理人会与投资者协商，不希望投资者立即、全部赎回。如果协商不成，只能出售配置资产。

为了减小巨额赎回给市场、基金本身造成的冲击，《管理办法》也做了专门规定：开放式基金发生巨额赎回的，基金管理人当日办理的赎回份额不得低于基金总份额的10%，对其余赎回申请可以延期办理。

延期赎回也是解决问题的方式之一，但这只是最后的无奈之举，到了这一步，资金链断裂导致的连锁反应会迅速传递到整个资本市场、金融市场，市场的流动性、投资者的信心都会遭受空前的挑战，灾难一触即发。

留备用金、赎回比例限制、时间限制等措施是针对基金巨额赎回的法宝，可这并不意味着百分之百安全，一旦特殊情况出现，基金照样可以清盘。

熊市是资本市场必不可少的现象，在下一轮熊市中，指数基金投资者要警惕这种巨大的风险。

这里要提醒各位投资者，基金规模与是否产生巨额赎回有一定的关系。基金规模大，管理的资产和数量多，流动性强的资产绝对数额就会相对较大，能够轻易"吸收"巨额赎回造成的影响。

相反，如果基金规模小，特别是几千万、几亿规模的中小基金，在熊市中遭遇巨额赎回的可能性就更高。因此，特别在熊市时，应该尽量选择那些规模较大的产品。

警惕巨额赎回风险，避免这种风险对自己造成伤害。另外的办法是成为那个跑得最快的人，在市场的疯狂中成为那个理性投资者，在达到预期目标时止盈出局。其实，在市场大跌之前逃掉的方法只有一个，那就是我们说过的最简单的方法，设定止盈目标。

设定止盈目标

小说《汤姆叔叔的小屋》里有这样一句话："人的本性原是脆

弱的，遇到有暴利可图，往往容易屈服于利欲的引诱。"

赚钱是每个投资者的唯一目标，资本市场中的投资者最容易在利润面前屈服，最容易暴露人性的本色，被欲望控制。

投资的初始目标是赚钱，买入后行情与预期相反，价格下跌造成亏损，此时想尽快回本；当行情好转，浮亏减少，此时会想赚一点儿；当行情继续好转，浮盈出现，此时又会放大自己的欲望，想赚得更多。

2015 年大牛市在 6 月中旬结束，之后转为熊市，这种行情是贪婪者最大的坟墓。很多人在 3 000 点的时候用自己的本金投资，在 5 000 点时不止盈出局，却加杠杆融资买入。

在市场中最幸福的事不是赚多少，而是可以控制自己的欲望，落袋为安，将浮盈变成自己的真金白银。

赚过钱，却没赚到钱是件很尴尬的事。如何避免这个问题，就需要从如何止盈入手。止盈与止损相对应，顾名思义就是保住盈利，在指数基金投资中就是赎回份额兑现利润。

在资本市场有一句话广为流传：会买的是徒弟，会卖的才是师傅。止盈策略会在接下来的一节详细讲解，我们首先来了解一下为什么要止盈。

（1）投资目标变化。投资的目的是实现理财目标，有人想积攒首付，有人想为孩子准备教育金，有人想为自己准备养老金，等等。目标的实现是一个长期过程，在这个漫长的过程中，个人的风险承受能力、现金流、资产组合、家庭状态等因素都可能发生重大变化，此时就需要根据新的目标对投资机会进行调整，之前投资的指数基金就可能需要被止盈。

（2）基金经理或基金重要标的发生重大变化。基金经理是基金的实际管理人，换帅如换刀，如果管理人发生重大变化，投资风格也会随之变化，管理水平及基金收益都可能受到影响；基金标的的重大变化，例如发现退市、长时间停牌、爆雷等情况，都会导致基金走势的变化，影响组合配置。此时，需要对资产重新配置，对指数基金及时止盈。

（3）未来走势承压。"明知山有虎，偏向虎山行"不是资本市场提倡的理念，明知有危险，我们应该及时规避。指数基金的走势与指数走势高度相近，指数走势又受到宏观经济走势的影响，未来预期一旦发生重大变化，或者技术分析上承受巨大压力，就预示着后市存在巨大风险，此时应该暂时回避风险，赎回基金份额。

（4）指数的高波动性。在高波动的市场环境中，最适合用基金定投的方式，及时止盈是让账户持久增长的最强保障。

国内的股票指数虽然在经济的引领下呈现上行趋势，但具有高波动性。截至 2017 年 11 月 10 日，标普 500 指数近 5 年的年化波动率为 11.93%，而沪深 300 指数与中证 500 指数的同期年化波动率分别为 24.63% 和 28.54%。[①]

　　盈利看似是一件困难的事，但其实很多人都曾经拥有过。回顾自己的交易记录，把买卖点与历史走势对照会发现，大部分投资者买入指数基金一段时间后都"有过"盈利机会，而到了最后，大多数操作的结果是不仅没赚钱反而损失了本金。

　　止盈对收益的影响显而易见。用中证 500 指数的收盘价模拟基金净值，每月最后一个交易日实施定投，对比普通定投和止盈方案的差异。结果发现，普通定投的年化收益率为 12.09%，止盈目标定为 30% 时止盈方案的年化收益率为 18.90%，止盈目标为 50% 时止盈方案的年化收益率为 21.11%，止盈方案明显优于普通定投的一直持有策略。

　　（5）基金业绩。基金业绩是投资者决策的重要参考，但国内学者对基金业绩与赎回之间的关系存在分歧，部分学者认为基金业绩越好，净赎回越多，形成所谓的"赎回异象"；另一部分学者则认为不存在这种情况。对于指数基金而言，基金业绩与指数表现直接相关，基金业绩差异不会太大。

　　总之，为自己的投资设定一个止盈目标，适时赎回是一件必不可少的事。

　　设立止盈目标，对投资者来说有以下好处。

[①]　梅冀中，《止盈策略锁定收益 定投重启分散风险》，《中国证券报》2017 年 11 月 13 日第 W07 版投基导航。

盈利目标具体化，利于控制欲望

欲望是投资过程中最大的拦路虎，设立一个明确的止盈目标，可以事先将欲望装进笼子。

一个在华尔街混迹多年、在市场上暴富的人，他的财富也会迅速流失，所有大鳄都是以"积跬步"的小目标逐渐完成"至千里"的大目标的。每次定投指数基金都应该事先想好自己的目标。

止盈目标一定是切合实际的。一旦到了目标位，就坚决兑现利润，"弱水三千只取一瓢"，即使兑现利润后有再大的涨幅也不后悔，继续按照自己的目标和节奏开始下一轮定投。

对于指数基金投资者来说，目标没必要定得太大。首要目标应该是不亏钱，只要按照科学的方法长期定投，这个目标很容易实现。其次，投资期限不能太短，否则定投的优势难以发挥，连摊薄成本的目标都达不到，何谈盈利？

止盈的目标设定一定要切合实际、具体化，可以用同期银行定期存款利率、银行理财产品收益率、公允借贷利率等标准做参考。

帮助投资者建立信心

股民追涨杀跌、亏多盈少，乐于追求各种方法和策略，但问题的关键是对自己使用的方法没有信心。

一旦丧失信心，就会充满各种疑惑：亏损了是否要继续定投或者割肉离场？涨了要不要卖掉？如此等等。

带着这些问题，投资者会到处寻方问药。这样，就会陷入一个恶性循环：方法掌握不熟练导致亏损，亏损后将原因归结于方法，对方法失去信心，继续寻找新方法，再次因为掌握不熟练而亏损……

设立一个明确的止盈目标，抓住每次盈利的机会，将账面利润实实在在地放到自己口袋里，逐渐体会定投指数基金的甜头和威力，逐步对指数基金定投这种投资方式建立信心。在这个基础上，投资者可以更加深入研究策略和标的，为再次盈利奠定更坚实的基础。

与投资的恶性循环相比，这样就建立了一个良性循环，而这个循环的开始，就是实现一个盈利小目标，建立投资信心。

养成好的交易习惯

指数基金定投亏损最大的原因，就是定投时间短，在下跌时恐慌不敢买，在上涨时疯狂抢着买，追涨杀跌的交易恶习并没有因为定投的方式而消失。

投资者一旦被价格走势和群体行为左右，感性的情绪就会代替理性的思考，卷入追涨杀跌的浪潮中，彻底丧失盈利应该具备的思考能力和执行力，各种方法和策略都会被抛到九霄云外。在恐慌中不敢继续定投，甚至割肉离场，在疯狂中反而选择进场、加仓……

　　设定一个止盈目标，在时间、止损、预期收益率上提前制定计划，做好心理准备。即便遇到下跌的走势，也不会超出心理预期，更不会发慌。当上涨行情来临时，坚决执行止盈策略，既可以保住利润，又可以制止贪婪的魔鬼再次出现。

　　通过止盈目标的设立和执行，投资者很容易掌握指数基金定投的节奏，在风险和收益之间做好权衡，最终克服贪婪和恐慌的弱点，养成好的交易习惯。

　　低价买高价卖是盈利的真谛，价格涨了，基金份额最终要被赎回。如何卖出，把握卖出的时点就成了投资成败的关键。

止盈策略

　　任何投资目标的实现，都需要通过止盈最终完成，否则都是空中楼阁。一次性赎回策略和分批赎回策略是最常见的止盈方式，这两种策略又包括几种不同的方案，下面简单介绍，供大家参考。

一次性赎回策略

　　一次性赎回策略，就是在某个时点或者账户盈利达到某个目标时，一次性将基金份额全部赎回，兑现利润的策略。

执行一次性赎回策略的优点是，能够在达到预期时及时保住盈利的果实。一个硬币分两面，这样做也有一定的缺点——容易踏空行情，一旦后期指数基金再次上涨，自己就会错过相当一部分利润。

所以，按照一次性赎回策略执行的投资者一定要根据产品及行情走势，设定正确的止盈目标。此外，还要摆正心态，踏空并不是一件坏事，毕竟知足常乐的人更容易获得幸福感。

在一次性赎回策略中，也要讲究方法。

第一种，目标收益率法

这种策略是在定投前设立一个具体的数字，比如账户盈利30%或者50%，当盈利达到预期收益，一次性将基金份额全部赎回，兑现利润。

这种策略的代表，就是我国台湾地区流行的"停利不停损、止盈不止损"的理念：不设置止损，只在到达预期盈利时止盈出局。

目标收益率法虽然看似简单，但在不同的计算方式下，也有很大的区别。如果目标收益率是年化20%，那么第一个月指数基金上涨1.7%已经达到目标，此时就应该止盈出局。但现实的情况是，指数日振幅超过2%都是正常的事，年化收益率目标在价格短期波动中很容易实现，这样导致刚刚定投就需要止盈。如果以总收益率为目标，15%的收益率对6年的定投来说又过低了。

对于定投的方式而言，通常需要对目标收益率法进行适当优化。

如何优化目标收益率法呢？一是以期限为界限，短期内以总收益率为目标，超过一定期限（比如半年）就以年化收益率为准。还是上面的例子，确定半年总收益率为 20%，如果达到则止盈出局，如果不能达到则继续定投。半年后，如果不能达到这个目标，就可以考虑是否更改为年化收益率目标。二是设定一个最短投资期限，期限过了之后设定年化收益率目标。继续用上面的例子，半年内不设目标只做定投，定投半年后设定年化收益率目标为 20%。

按照这种目标收益率方式止盈后，可以继续下一轮定投，根据市场行情等待再次触发止盈条件，周而复始。

目标收益率定为多少最合适？没有统一的答案，需要根据产品特点、市场行情以及个人预期综合确定。风格激进的投资者可以将目标定得稍微高一些，厌恶风险的投资者可以把目标收益率定得低一些。

在目标收益率法的基础上，也有人提出在获利时兑现本金及一部分利润，继续延续原来的定投计划。事实上，这已经属于分批兑现利润了。

第二种，在指数基金顶部到来时一次性赎回

在止盈策略中，我们可以根据特定的目标止盈，一次性赎回。也可以根据前面提到的辅助判断顶和底的方法，根据顶部信号赎回。

还记得前面提到的 M1–M2 增速差、背驰、可转债指数判断历史顶部的方法吗？它同样可以指导指数基金的赎回。

当 M1–M2 增速差达到 10 时，股票指数就要见顶回落，此时要及时赎回，兑现利润落袋为安；根据历史大顶、大底的判断中提到的技术分析方法，当顶背驰发生时，可以一次性赎回基金份额；当可转债指数见顶时，股票指数也会随之见顶，此时也可以一次性赎回，获得利润。

所有判断股票指数卖点的方法同样可以判断指数基金的顶部。例如以均线为止盈依据，指数基金跌破某条重要的均线（60 日线、120 日线或 250 日线）即止盈出局。

利用其他方法辅助判断顶部，对卖出时机的把握精度要求很高，需要投资者具有一定的投资经验和判断力，否则很难准确找到卖点。

第三种，高点回撤赎回法

低买高卖是交易的理想状态，但这对于任何投资者来说都并非易事。把握不住绝对的高低点，我们可以把握次高点。

与前两种赎回方法相比，高点回撤赎回法是根据行情及盈利情况变化而变动，把握"次高点"的机会。

当定投到某个阶段后，行情开始反转上涨，趋势一旦形成，继续定投就会抬高成本，此时需要停止定投，等待行情反转兑现利润。价格高点何时产生无法准确判断，但一旦形成就可以百分之百确定那就是高点。

高点产生之后，新一轮行情的转折点出现，我们就要关注回撤幅度。当价格相对指数的高点回落一定的百分比，例如 10%，指数基金就要止盈出局。

这种方法的优点是可以最大限度享受趋势行情带来的利润，避免因卖出时点过早出现踏空。缺点是回撤幅度难以把握，设置回撤幅度小，止盈容易踏空行情；设置回撤幅度大，则造成较大利润回撤。到底如何把握，需要长期经验积累才能针对不同产品找到适合的幅度。

分批赎回策略

分批赎回策略与定投策略的优点有些类似，将卖点平滑分布在顶部位置。与定投能平滑风险一样，分批赎回策略能够平滑利润，将筹码卖在顶部区间，既不会出现踏空风险，也不会获得一次性全部卖在高点的最优利润率。

如果想采用分批赎回的方式，在申购基金时一定要注意，选择那些后端收费模式的基金，随着持有时间的延长，能够节省一部分成本，增加投资利润。

分批赎回策略也有几种方法。

第一种，基金定赎

这种赎回方法与定期定额买入相反，如果定期定额投资是
"零存整取"，那么基金定赎就是以"整存零取"的方式，在间隔
固定的时间将之前的本金和收益以大致相当的数额取出来。

基金定赎规避了基金赎回判断时机的风险，同时也放弃了一
部分利润。基金定赎适合未来对现金流有持续要求的群体。

对于房贷一族来说，可以选择基金定赎的方式，这样既能充
分提高资金利用率，又能享受基金上涨带来的收益；对于老年人
来说，比如 60 周岁之后，可以将基金份额按照这种方式赎回，作
为自己的养老金；同样，子女教育金、长期寿险月缴保费同样可
以以这种方式支付，既能满足资金需要，又能获得基金收益。

一般情况下，基金定赎需要通过银行办理。例如，浦发银行
和中国农业银行可以办理华安基金的定赎业务。

第二种，收益百分比赎回

这种方法的精髓是先兑现一部分利润，剩下的筹码越涨越卖。先
定一个预期目标，达到目标赎回部分份额，如果后期行情继续上涨，
则按照收益百分比逐步分批赎回，行情上涨越多，兑现的利润越多。

假设投资指数基金的预期收益率是 30%，此时可以先赎回一
定比例，例如原仓位的 50%，如果行情继续上涨，每上涨 10%，
可继续赎回原仓位的 10%，直至赎回全部份额。

这种方法同样可以享受上涨趋势带来的大部分利润，避免踏空行情，缺点是主观性较强，开始的目标和赎回比例受投资者经验影响较大。

初始收益率目标定得太高，不容易达到；定得过低，又容易错失利润。这就需要随后的百分比纠正，如果初始目标定得高，则百分比的间距要适当缩小，每次赎回比例要增加；如果初始预期收益目标定得低了，则百分比的间距要拉大，每次赎回比例要减小。

最后一个问题，如果达到预期目标后，行情没有继续上涨，而是掉头向下怎么办？此时已经兑现了部分利润，可按照原来的定投继续执行，相当于开始了一次新的投资，等待下一轮行情到来。

第三种，均线法

参考技术分析方法，根据价格与均线系统的关系，分批赎回基金份额。

均线最大的优点是能够体现趋势行情，在上涨趋势中，均线系统能够抓住长期趋势，获得大部分利润。同样，在下跌行情中，利用均线系统操作也能规避大部分风险。均线系统的缺点是中长期均线走势比价格迟钝，等价格跌破均线时，已经有较大的回撤；在震荡行情中容易失灵，依据均线买卖出错的概率较高。

基金定投已经解决了买入的问题，均线需要解决的是卖出的问题。均线系统中包括短中长期多条均线，根据均线与价格走势

的关系，可以指定这样的规则：当价格跌破 10 日均线时，卖出
10%；当价格跌破 30 日均线时，卖出 10%；当价格跌破 60 日均
线时，卖出 30%；当价格跌破 120 日均线时，卖出 30%；当价格
跌破 250 日均线时，卖出 20%。

　　具体选择哪条均线作为参考，卖出比例如何设置，又是一个
没有完美模板的问题。价格短期波动较大，所以这里选择跌破短
期均线时卖出低比例的份额，在跌破中长期均线时，卖出比例逐
渐增加。这样可以保证不因短期波动而过早出局，同时也保住中
长期绝大部分利润。

　　指数基金赎回止盈的方法说了这么多，其实只有两类：一是
左侧交易策略，在高点出现之前预设收益率目标，达到则止盈出
局；第二种是右侧交易策略，在高点出现后执行止盈方案。

　　两种方法各有千秋，也可以结合使用，比如达到目标收益率
后兑现一部分，跌破某条均线后再抛售一部分。

　　投资者应该使用哪种赎回止盈策略没有一定之规，也没有绝
对的优劣之分。面对多种方法、多种解决方案，需要投资者根据
自己的投资经验、预期目标、未来现金流等因素综合考虑决定。

　　一种策略是好是坏，最终要交给市场检验。制定策略并严格
执行策略是从亏损走向盈利的必经之路，这里提到的赎回策略只
是作为一种参考，给各位提供一种思路。至于具体实践，需要投
资者多总结、多思考，根据行情变化适时调整。

致　谢

在过去的无数个日夜，电脑、键盘、鼠标与我共度了安静、漫长的时光，几度梦中都在字斟句酌。尽管疲惫，但每完成一章都十分欣喜。

在我眼中，投资与中华武功有异曲同工之妙，功夫高低需要实战检验，投资成败最终还是要靠市场检验；唯有在战场上能打赢别人的武功才是好武功，唯有令人赚钱的投资方法才是好方法。

无论理论如何，最终一定要走向市场。浸淫市场十余年，有经验也有教训。个人认为教训远比经验更重要，在实战中，挨了打才会去想如何躲过攻击，又如何组织反击。投资也一样，即使我所书写的东西您已经明白，但最终一定要去市场中体验才会感同身受。

所谓"知行合一"，读书为"知"，最终还是要落到"行"，只有在市场中真正操作，才会既知其然又知其所以然。唯有这时候，您才能领会市场的风光和本书的真正要义。

　　尽信书则不如无书。书稿的内容是十余年资本市场投资经验的总结与回顾，书中所涉案例只是为了说明理论，并非推荐。正如书中所言，投资、盈利并不是一件简单的事，静态的线性思维难以达到最终盈利的目标，"知易行难"永远是每位投资者在盈利的道路上必须跨过的鸿沟。这本书更像一座桥梁，希望能给各位读者开拓思路，对大家有所帮助。

　　在本书的写作过程中，我得到银信保理副总经理张建龙先生等诸位前辈的建议，没有他们的帮助，这本书会逊色不少，在这里表示感谢！杨忠恕先生与我亦师亦友，书稿写作过程中他多次为我解惑，再次感谢！

　　最后，我要感谢家人，感谢他们对我的理解和支持！在写作期间，我放弃了很多陪伴家人的时间，感谢他们的照顾。这几十年来他们为我付出了太多，纸短情长，不一一言表。